Schweiz Reiseführer

I love Switzerland

Von S. L. Giger als *SwissMiss onTour*

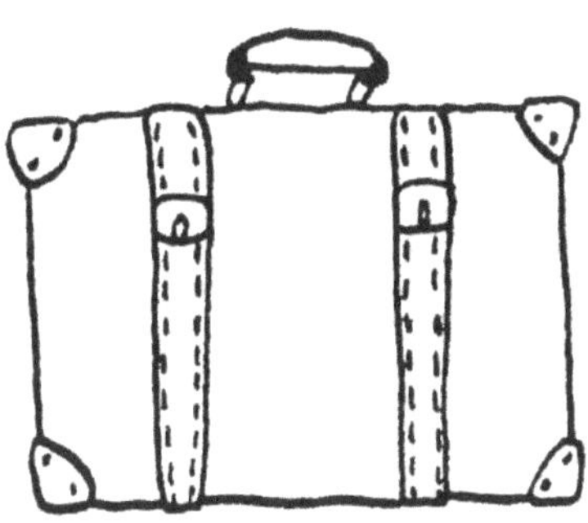

„Die wunderbaren Dinge sind die, die Sie im Leben tun, und nicht die Dinge, die Sie besitzen."
— Reinhold Messner

Im Selbstverlag herausgegeben. Kontakt: Seraina Cavalli-Giger, Bachwisenstrasse 7c, 9200 Gossau, swissmissontour@gmail.com
Covergestaltung: Seraina Cavalli
Titelbild: David Mark von Pixabay, Umriss der Schweiz: Gordon Johnson von Pixabay

Inhalt

Warum sollte ich diesen Reiseführer anstelle eines anderen wählen?

Hast Du nur begrenzt Zeit und bist Dir nicht sicher, welche Orte in Deinen Zeitplan passen? Hast Du Zweifel, ob Du Dir eine Reise in der teuren Schweiz überhaupt leisten kannst und bist Du Dir unsicher, wie Du am besten von Ort zu Ort kommst? Dieser Reiseführer wird Dir helfen, diese Entscheidungen zu treffen, damit Du Dich auf die absoluten Höhepunkte der Schweiz konzentrieren kannst. Zudem enthält „I love Switzerland" gute Spartipps, wie man die Schweiz günstiger erleben kann.

Wie Du vielleicht weißt, habe ich schon einige Reiseführer geschrieben, denn die Reisesehnsucht zieht mich seit Jahren immer wieder an ferne und exotische Orte. Jedoch genieße ich es auch immer, mein eigenes Land, die schöne Schweiz, zu entdecken. Mit dem Zug fahre ich manchmal in die Westschweiz, um eine Sehenswürdigkeit zu besuchen, die ich noch nicht gesehen habe oder ich gehe im Tessin ein leckeres Eis essen. Meine Familie und meine Freunde schütteln dann nur ihre Köpfe und sagen, dass es doch auch bei uns in der Nähe schöne Fleckchen gibt. Natürlich gibt es die und darüber werde ich Dir auch berichten. Allerdings hat ein Tourist andere Bedürfnisse als ein Lokaler und ich setze auch zu Hause gerne einmal meine Touristenbrille auf und hänge mir die Kamera um den Hals, um die Schweiz mit

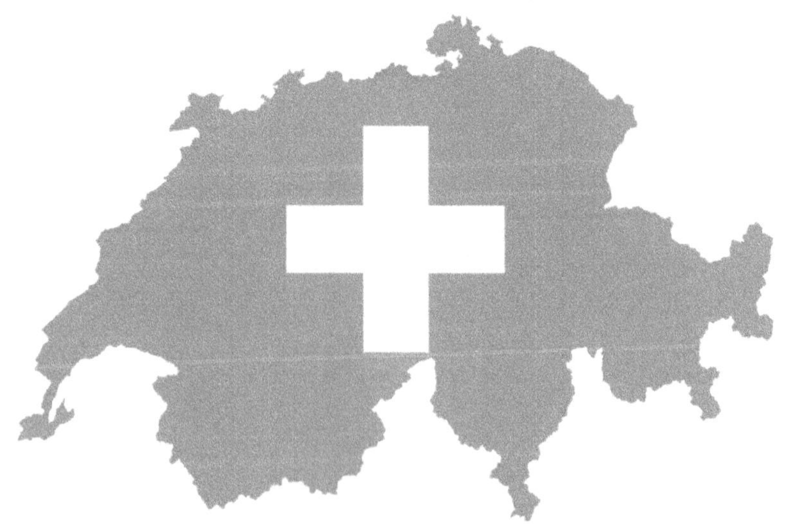

anderen Augen zu sehen. In diesem Reiseführer findest Du also all das Insider-Wissen einer gebürtigen Schweizerin, brennend mit dem Enthusiasmus für schöne Orte, wie es nur ein Reisender empfinden könnte.

Freue Dich auf blaue Seen vor einem atemberaubenden Panorama, mit Schnee bestäubte Berggipfel, Kühe auf grünen Wiesen, Städte mit einladenden Cafés und hübschen Fassaden und genieße die beste Schokolade und den besten Käse der Welt.

Möchtest Du Deine eigene, reibungslose Reise in der Schweiz planen? *I love Switzerland* wird Dir dabei helfen.

Wenn Du diesen Reiseführer liest, wirst Du das Beste von der Schweiz erleben, ohne weitere Recherche betreiben zu müssen. Du findest eine zweiwöchige Reiseroute mit detaillierten Anleitungen. Zudem enthält der Reiseführer weitere Ideen und Beschreibungen, mit welchen man leicht drei Wochen bis einen Monat füllen könnte. Man kann die Orte jedoch auch in einer kürzeren Zeit besuchen.

Jetzt bist Du an der Reihe, die schöne Schweiz zu erforschen. Los geht's.

Höhepunkte der Schweiz

Je mehr man von einem Land gesehen hat, desto schwieriger wird es, sich auf einzelne Höhepunkte zu beschränken. Die Schweiz bietet so viele Orte, die einen ins Schwärmen bringen. Hier findest Du meine drei Favoriten aus der Natur.

1 Creux Du Van

Dieser Felswandkessel wird auch Grand Canyon der Schweiz genannt. Man erwartet diese beeindruckende Felswand überhaupt nicht, wenn man am ruhigen Bahnhof von Noiraigue ankommt. Vorerst befinden wir uns umgeben von saftigen Wiesen und grünen Wäldern. Deshalb wirkt der Anblick des Creux de Vans umso spektakulärer!

Seltsamerweise ist dieser Ort unter internationalen Touristen noch relativ unbekannt und umso mehr eine Reise wert, bevor alle anderen auch da waren.

2 Matterhorn

Der von der Form her markanteste Berg der Welt sieht in echt noch schöner aus, da man die reine Bergluft einatmen kann. Wander- und Naturbegeisterte werden sich definitiv in die Region Zermatt verlieben.

3 Verzasca Tal

Die Entscheidung zwischen dem Rheinfall und dem Verzasca Tal fiel mir schwer, denn auch der größte Wasserfall Europas hätte seinen Platz in den Top 3 der Schweiz wirklich verdient.

Allerdings findet man im Verzasca Tal eine Schönheit, die es nicht an vielen Orten auf der Welt gibt. Den klaren, eiskalten Fluss in den intensiven Blautönen, welche kein Foto richtig wiedergeben kann, muss man einfach mit eigenen Augen gesehen haben. Nebst der Verzasca gibt es im Tal allerhand anderes zu entdecken. Zum Beispiel typische Steinhäuser des Tessins, herzige Kapellen, Steinbrücken und Hängebrücken.

Dinge, die Du beachten solltest, bevor Du die Schweiz besuchst, um die bestmögliche Reise zu haben

In diesem Kapitel findest Du alle Informationen, die Du für eine reibungslose Reise in der Schweiz kennen musst.

Währung

Die Schweiz verwendet den Schweizer Franken. Die Kurzform ist Fr. oder SFr. oder CHF. Zum Zeitpunkt des Schreibens dieses Buches betrug 1 EUR = 0.93 Fr. Den aktuellen Wechselkurs kannst Du ermitteln, indem Du beispielsweise EUR zu CHF in die Google-Suchleiste eintippst.

Oft kann man auch mit Euro bezahlen. Meistens ist der Wechselkurs dann 1 : 1 und man erhält CHF zurück. Praktisch überall kann man zudem problemlos mit Bank- oder Kreditkarte bezahlen.

Beste Reisezeit

Die beste Zeit für Deinen Besuch hängt davon ab, was Du genau tun möchtest. Falls Dir Schnee und Skifahren wichtig sind, solltest Du Ende Januar bis Ende Februar kommen, da dies die schneesichersten Monate sind. Mehr Inforationen zum Thema Winterausflüge und Wintersport findest Du im Bonuskapitel.
Wenn Du für einen Städtetrip hier bist, eignet sich das ganze Jahr für einen Besuch, da es manchmal auch charmant sein kann, mit einem Regenschirm durch die Gassen zu spazieren oder die hübschen Weihnachtsdekorationen zu bestaunen.

Für Wanderungen sind Mai/Juni und Ende August bis Anfang Oktober die besten Monate. Juli und August sind die wärmsten Monate und da kann es manchmal auch ganz schön heiß werden. Um in den schönen Flüssen und Seen zu baden ist der Hochsommer definitiv die tollste Zeit. Dann finden zudem auch die meisten Festivals statt und vielleicht hast Du ja Glück, dass sich Deine Reise

gerade mit einem Musikanlass überkreuzt.

Trinkwasser

Das Leitungswasser in der Schweiz hat eine sehr gute Qualität und ist absolut trinkbar. Mein erster Spar-Tipp an Dich ist daher, dass Du eine wiederverwendbare Wasserflasche mitbringst und diese jeweils wieder auffüllst.
In den Städten kann man auch aus den meisten Brunnen trinken. Ansonsten sollte ein Schild angebracht sein, dass das Wasser nicht trinkbar ist. In Zürich wollte man das Trinken aus Brunnen sogar fördern und deshalb wurden goldene Wasserhähne angebracht. Achte darauf, welche Wasserhähne Dir da so begegnen.

Nur bei Wassertrögen auf Weiden sollte Vorsicht geboten sein. Das Wasser könnte durch die Ausscheidungen der Tiere zu viele Bakterien enthalten. Dasselbe gilt für Flüsse und Seen. Auch wenn sie sehr rein aussehen, ist das Wasser nicht unbedingt für menschliche Mägen geeignet. Deshalb solltest Du sicherstellen, dass Du auf Wanderungen immer genügend Trinkwasser mitnimmst.

Sicherheitstipps für die Schweiz

Je mehr ich ins ferne Ausland reise, desto mehr schätze ich, was für ein sicheres Land die Schweiz ist. Dank dem guten Sozialsystem muss in der Schweiz niemand betteln oder klauen. In 99.9 % der Fälle, kann man seinen Koffer also sorglos im Kofferabteil des Zuges lassen und er wird beim Aussteigen immer noch da sein, wo man ihn abgestellt hat. Dies erwähne ich, weil ich einmal miterlebt habe, wie eine Touristin im Zug ihren Koffer an den Stuhl gekettet hatte und danach das Schloss nicht mehr aufbrachte. Diesen Zwischenfall hätte sie sich gut ersparen können, denn es war sowieso niemand an ihrem Koffer interessiert.

Das Einzige, was leider viel gestohlen oder zerstört wird, sind Fahrräder am Bahnhof. Falls Du die Schweiz also mit dem Fahrrad bereist, würde ich Dir empfehlen, das Fahrrad jeweils nicht direkt am Bahnhof abzustellen und es immer abzuschließen.

In großen Menschenmengen solltest Du zudem, wie in jedem anderen Land, Deine Wertsachen vor Taschendieben schützen.

Wie Du Deine Unterkunft auswählst

Da Reisende alle ihre individuellen Vorlieben haben, wie ihre Unterkunft sein muss, schließe ich kaum Empfehlungen für Hostels oder Hotels in meine Reiseführer mit ein. Die besten Angebote für die Schweiz erhältst Du auf *Airbnb* oder wenn Du auf der Hotelwebseite direkt buchst. Des Weiteren hat es schöne Zeltplätze.
Wer nur ein knappes Budget zur Verfügung hat, könnte es mit Couchsurfing versuchen.
Mit dem Interrail Pass hat man Rabatt in einigen Jugendherbergen.

Ansonsten gibt es die besten Hostel/Jugendherbergen und Hotel-Deals, wenn Du auf *booking.com* buchst und Genius Niveau erreichst. Dort hast Du auch die neusten Bewertungen für die Hotels und kannst verschiedene Meinungen über eine Unterkunft einholen, bevor Du ankommst.
In der Schweiz ist es gut, wenn man die Unterkünfte einige Wochen im Voraus bucht. Vor allem, wenn man in der Sommer- oder Wintersaison hier ist.

Reisen per Zug, Bus, Tram und Schiff – ÖV in der Schweiz

Ein großer Vorteil am Reisen in der Schweiz ist, dass die Distanzen klein sind und man ein breites Angebot an öffentlichen Verkehrsmitteln zur Verfügung hat. Man kann wirklich auf das Mietauto verzichten und sich bequem von A nach B chauffieren lassen.

Alle Zug und Busverbindungen kannst Du auf www.sbb.ch nachschauen oder auf Google Maps.

Für ausländische Touristen gibt es für Schweizreisen per ÖV ein tolles Angebot – den Swiss Travel Pass.

Swiss Travel Pass

Der Swiss Travel Pass beinhaltet das gesamte Zug-, Bus- und Tram-Netz in der Schweiz, plus einige Schiffe. Wenn man große Distanzen zurücklegen möchte, lohnt sich das schnell einmal. Es ist praktisch, weil man nie darüber nachdenken muss, ob und wie man nun ein Ticket löst und einfach einsteigen kann. Auch die beliebtesten Panoramazüge sind im Swiss Travel Pass enthalten (für den Bernina Express, den Glacier Express und den Gotthard Panorama Express kommt einfach die obligatorische Reservationsgebühr dazu). Zudem kann man mit dem Swiss Travel Pass gratis in über 500 Schweizer Museen und hat bis zu 50 % auf Bergbahnen. Auf Stoos, Rigi und Stanserhorn kann man sogar gratis.

Den Swiss Travel Pass gibt es ab 232 Fr. für drei Tage bis 429 Fr. für 15 Tage. Er kann online gekauft werden (www.sbb.ch/de/freizeit-ferien/reisen-schweiz/internationale-gaeste/swiss-travel-pass.html) oder an SBB Schaltern.

Gemeinde Tageskarte

Den Swiss Travel Pass gibt es nur für Ausländer. Für Einheimische gibt es jedoch auch ein gutes Angebot. Bei den Gemeinden kann jede Person ein Tages-GA beantragen. Es kostet ungefähr 45 Fr. und ist auf dem ganzen GA-Netz (Zug, Bus, Tram, Schiff, Bergbahnen) für einen Tag gültig. Allerdings ist immer nur eine bestimmte Anzahl Tages-GAs vorhanden und deshalb muss man die Reise etwas vorausplanen. Die Tageskarten können hier gekauft werden: www.tageskarte-gemeinde.ch/de-de/ (oder auf der Webseite Deiner Gemeinde).

Halbtax

Wer für längere Zeit in der Schweiz ist, könnte sich ein Halbtax anschaffen. Das kostet 120 Fr. für einen Monat (185 Fr. im Jahr für Einheimische). Damit erhält man alle Tickets des öffentlichen Verkehrs zum halben Preis oder vergünstigt.

Reisen mit Kindern

Kinder bis 6 Jahre reisen in Begleitung einer erwachsenen Person mit gültigem Fahrausweis gratis Zug. Auf Bussen, Schiffen und Bergbahnen sollte die lokale Regelung jeweils abgeklärt werden. Kinder zwischen 6 und 16 Jahren reisen auch gratis mit den Eltern, wenn diese eine kostenlose Swiss Family Card organisieren. Großeltern oder andere erwachsene Begleitpersonen nehmen die 6 – 16-Jährigen gratis mit der Juniorkarte mit. Diese kostet 30 Fr. im Jahr pro Kind.

Weitere Tipps für günstiges Fahren mit dem ÖV

Falls Du Dir keinen Swiss Travel Pass anschaffst, da Du vielleicht mit einem Interrail Pass unterwegs bist, lohnt es sich für gewisse Strecken oder Ausflüge, folgende Dinge zu beachten.

(Foto: Landwasserviadukt)

Halte Ausschau nach Spartickets

Die SBB bietet für viele Verbindungen außerhalb der Stoßzeiten günstigere Tickets an. Wenn Du zeitlich etwas flexibel bist, kannst Du auf der SBB-Webseite oder in der SBB-App im Fahrplan die Kosten bei verschiedenen Abfahrtszeiten überprüfen.

Nutze Freizeit Kombiangebote

RailAway (www.sbb.ch/de/ freizeit-ferien.html) bietet vergünstigte Anfahrten und verbilligte Eintritte zu allen möglichen Freizeitangeboten in der Schweiz an. Es lohnt sich, die Webseite etwas zu durchstöbern, welche aktuellen Angebote es gerade gibt. Man kann die vergünstigten Eintritte auch kaufen, wenn man einen Swiss Travel Pass oder Interrail Pass hat (beim Ticket „andere Abonnements" wählen). Es ist einfach wichtig, dass man mit dem ÖV anreist und das Freizeitangebot vorgängig auf der Webseite kauft. Dies lohnt sich vor allem auch für Wintersportangebote.

Vergleiche mit ausländischen Anbietern

Falls Du keinen Swiss Travel Pass hast, kann es sich bei gewissen Strecken lohnen, einen Abfahrtsort in einem Grenzbahnhof in Deutschland, Frankreich, Italien oder Österreich zu wählen und das Ticket z. B. über die Deutsche Bahn zu kaufen. Man lässt zwar einen Teil der Strecke aus, da man erst an einem späteren Bahnhof in der Schweiz dazu steigt, aber die Strecke innerhalb der Schweiz kann trotzdem günstiger sein, als wenn man sie direkt über die SBB kaufen würde.

Die günstigsten internationalen Tickets

Für die Anreise per Bahn aus dem Ausland findest Du die günstigsten Tickets auf *Trainline.eu* oder *omio.com*.
Des Weiteren hat die Deutsche Bahn (www.bahn.de) oft Spezialangebote.

Falls Du auf einer Europareise bist, könnte sich ein Interrail Pass lohnen (www.interrail.eu/de/interrail-passes/ one-country-pass /switzerland). Ein 8-tägiger Pass nur für die Schweiz kostet 271 Euro. Da sind zwar keine gratis Museen dabei und nicht alle lokalen Busse, aber man erhält einige Vergünstigungen für Hostels und Bergbahnen.

Das größte internationale Busnetz mit günstigen Verbindungen hat *FlixBus*. Auf *Checkmybus* werden jedoch alle Busanbieter und einige

Zugverbindungen miteinander verglichen.

Wi-Fi

Die Schweiz ist leider eines der wenigen Länder, in welchem noch nicht alle Unterkünfte automatisch kostenloses WLAN anbieten. Prüfe daher vor Deinem Aufenthalt, ob es Wi-Fi hat. Datenpakete in der Schweiz sind auch nicht günstig und es ist höchstwahrscheinlich besser für Dich, wenn Du als Deutscher oder Österreicher Deinen Anbieter zu Hause kontaktierst und nach Reisepaketen mit Datenroaming fragst. Achtung, die Schweiz ist nicht in der EU.
Kostenloses Wi-Fi findest Du zudem bei Starbucks, McDonalds und in den größeren MIGROS-Filialen, sowie an den größeren Bahnhöfen und an den Flughäfen Zürich, Basel und Genf.

Finde Deinen Weg

Wie überall, wo ich hingehe, verwende ich die maps.me-App auf meinem Handy. Du kannst die gesamte Schweiz oder Teile davon für den Offline-Einsatz herunterladen. Diese Karte ist jeden Tag ein nützlicher Begleiter und bringt Dich immer an den Ort, an den Du gehen möchtest. Du kannst maps.me verwenden, um Sehenswürdigkeiten innerhalb der Stadt zu finden, um zu Deiner Unterkunft zu gelangen oder, um einem Wanderweg zu folgen. Touristen können Punkte markieren und Kommentare schreiben. So kannst Du sogar geheime Orte entdecken, die andere Touristen empfehlen.

Falls Du lieber auf bekanntere Mittel zurückgreifst, funktioniert in der Schweiz natürlich auch Google Maps gut.

Für Wanderungen und Fahrradtouren empfiehlt sich die „**Schweiz Mobil**" App, denn die anderen Karten kommen im Gelände schnell an ihre Grenzen.

Spartipps für die Schweiz

Ja, die Schweiz ist kein günstiges Land. Hier deshalb einige Tipps, wie trotzdem mehr Geld für Ausflüge und Erlebnisse übrig bleibt.

Verpflege Dich selbst

Vor allem das Essen in Restaurants ist teuer. Dann kommt meistens noch ein Trinkgeld hinzu. Bei kleinen Beträgen rundet man einfach auf die nächste ganze Zahl auf (z. B. 4.60 auf 5 Fr.) und bei größeren Beträgen lässt man 1 bis 2 Fr. pro Person da.

Auch Takeaway ist nicht günstig, wenn man sich immer unterwegs verpflegt. Am besten kaufst Du Proviant für Sandwiches in Supermärkten und hast eine Unterkunft, in welcher Du kochen kannst.

Kaufe bei Discountern ein

Achte darauf, dass Du eher in größeren Supermärkten einkaufst und nicht an kleinen Tankstellen-Shops. Migros ist der günstigste Supermarkt mit Schweizer Produkten. ALDI und Lidl sind noch günstiger als Migros, aber führen hauptsächlich internationale Produkte. Den günstigsten Alkohol gibt es bei Denner, Lidl und ALDI.

Nutze Spezialangebote

Ob es eine Vergünstigung durch Deinen Zug-Pass ist, Du eine Hotelcard hast oder online Aktionen für Freizeitangebote findest, es gibt in der Schweiz immer saisonale Rabatte und es lohnt sich, die Augen offenzuhalten. Im Sommer finden zudem viele gratis Outdoor-Anlässe wie Konzerte oder Tanzveranstaltungen statt.

Schweizerische Speisen und Getränke, die Du probieren musst

Während jede Region ihre eigenen Spezialitäten hat (z.B. Nusstorte im Bündnerland, Läckerli in Basel und die Bratwurst in St. Gallen), gibt es Gerichte, die einfach überall in der Schweiz lecker sind. Das sind einige der guten Dinge im Leben, die ich dann jeweils vermisse, wenn ich im Ausland bin. Gibt es etwas, das Du unbedingt essen möchtest, wenn Du von einer längeren Reise zurück in die Heimat kehrst? Bei mir ist es ein Wurst-Käse-Salat, obwohl ich mich meistens vegetarisch ernähre. Hier sind noch einige weitere Speisen, die Du in der Schweiz probieren solltest.

- **Fondue**

Käsefondue ist wahrscheinlich das berühmteste Schweizer Gericht. Dabei dippt man einen mundgerechten Brotwürfel an einer langen Gabel in eine Pfanne mit geschmolzenem Käse. Die Käsemischungen sind je nach Region verschieden. Für den Anfang wäre wahrscheinlich ein nicht allzu rezenter Käse am besten.
Erstaunlich ist, dass in vielen Familien ein typisches Weihnachtsgericht nicht Käsefondue ist, sondern Fondue Chinoise (Fleisch Fondue).

Dabei kocht man dünne Scheiben Fleisch in einer Bouillon und dippt diese danach in Saucen. Auch sehr lecker.

- **Raclette**

Beim Raclette gießt man geschmolzene Käsescheiben über Kartoffeln, welche man nach Belieben würzt und mit eingelegtem Gemüse verzehrt. Man isst es entweder auf einem Tischgrill oder im Wallis ist es oft ein großer, halber Käse, der oben geschmolzen und direkt in den Teller serviert wird. Ich mag Raclette sogar lieber als Fondue, da der Käse seine normale Konsistenz behält.

- **Sonstiger Käse**

Als Zwischenverpflegung auf Wanderungen oder als Apéro-Plättchen eignet es sich sehr gut, in einen Supermarkt zu gehen und einige Käsestücke zu kaufen. Es gibt so viele gute Käsesorten, dass man sich einfach durch einige durch-degustieren sollte. Die am meisten verkauften Käsesorten sind Gruyère, Tilsiter und Mozzarella.

- **Rösti**

Rösti bestehen aus geraffelten Kartoffeln, die goldbraun angebraten werden. Man kann sie zum Raclette essen oder mit Fleischkäse oder Speck und Spiegelei. Manchmal gibt es auch Rösti am Buffet zum Frühstück.

- **Getränke vom Apfel**

In der Ostschweiz ist es besonders im Frühling schön, wenn die vielen Apfelbäume blühen. Aus diesem Obst werden zudem gute Getränke hergestellt. Z. B. der schweizerische Cider Swizzly oder Möhl Saft vom Fass.

- **Rivella Rot**

Rivella ist ein erfrischender Schweizer Softdrink, welchen man am ehesten noch mit dem österreichischen Almdudler vergleichen könnte. Nach dem Sport oder an heißen Sommertagen ist Rivella super. Allerdings schmeckt es vielen Touristen nicht. Was für mich unverständlich ist – ich liebe Rivella.

- **Bauernwürste und Salsiz**

In der Schweiz werden so viele gute Würste hergestellt, dass ich aus dem Schwärmen gar nicht mehr herauskomme, wenn ich erst einmal anfange. Wer es gerne würzig mag, sollte unbedingt einige rote

Bauernwürste versuchen oder eine St. Galler Bratwurst. Zum Käseplättchen würde zudem ein Salsiz (salamiähnliche Rohwurst) gut passen.

- **Schokolade**

Natürlich darf man die Schweiz nicht verlassen, ohne sich ausgiebig durch die Schokoladenwelt probiert zu haben. Es gibt einige tolle Schokoladenmuseen mit Degustationen oder ansonsten kann man die Schokolade auch einfach in der Migros oder im Coop kaufen (z. B. Frey oder Lindt.)

Die besten Hotels, um dich so richtig verwöhnen zu lassen!

Leider kennen wir es inzwischen zu gut, dass das Reisen ins Ausland stark erschwert ist. Vielleicht herrscht auch in der Schweiz gerade wieder Lockdown und sowohl die Läden als auch die Restaurants und Fitnessanlagen sind geschlossen. Was kann man da tun, wenn einem zu Hause die Decke auf den Kopf fällt? Glücklicherweise durften in der Schweiz die Hotels immer offen bleiben. Hier findet ihr eine Liste mit den Hotels, die ein rundum Wohlfühlprogramm am besten vereinen und gleichzeitig einen Platz zum Arbeiten haben, falls man im Remote Office ist.

- **Arosa Kulm Hotel & Alpin Spa**

Im Arosa Kulm Hotel & Alpin Spa (www.arosakulm.ch) findet man Luxus und Service auf höchstem Niveau und wird nach Strich und Faden verwöhnt. Es beginnt mit dem kompetenten Team an der Rezeption, die einem gerne mit Ausflugstipps behilflich sind oder Erdnüsschen für den Eich-

hörnliweg schenken. Dann geht es über die gemütlichen Zimmer mit viel Liebe zum Detail. Beispielsweise hat es immer sehr gut geduftet im Raum und wir haben uns sofort zu Hause gefühlt. Fürs kulinarische Wohl stehen 5 Restaurants zur Auswahl. Ich kann das *Dine Around* Programm empfehlen, wobei man jeden Abend eine Vorspeise, einen Hauptgang und ein Dessert in einem der Restaurants auswählen kann. Auch das Frühstücksbuffet ist von fantastischer Qualität und lässt keine Wünsche übrig.

Das schöne Hallenbad und den Sauna- und Fitnessbereich mit Blick auf die Berge durften wir auch nach dem Check-out noch nutzen.

Was man in Arosa unternehmen kann:

Für das Wochenprogramm lässt das Skigebiet Arosa-Lenzerheide die Herzen von Schneesportlern höher schlagen. Die Gondelbahn Kulm befindet sich gleich gegenüber vom Hotel. Auch Langläufer, Schlittler und Winterwanderer kommen in Arosa auf ihre Kosten. Sehr gefallen hat uns der *Eichhörnliweg*, auf welchem uns ein Eichhörnchen aus der Hand gefressen hat.

Von Maran sind wir über einen Verbindungsweg auf den Arlenwaldweg gelaufen und dann durch den verschneiten Wald und über die Skipiste zurück nach Innerarosa spaziert. Nimm am besten eine Wanderkarte vom Hotel mit, denn die vielen Wanderwege können verwirrend sein. Wem das zu weit ist, kann von der Mittelstation LAW ins Dorf zurückfahren und dann den Bus zum Hotel nehmen oder von der Kulm Gondelbahn Bergstation mit dem Schlitten nach unten fahren.

- **Hotel Heiden, Appenzell AR**

Das Wellness- und Gesundheitshotel Heiden (www.hotelheiden.ch) überzeugt durch den modernen Wellnessbereich und den schönen Ausblick über saftige, grüne Wiesen auf den Bodensee. Die ganze Seeseite des Hotels verfügt über große Fenster. Dadurch sind die Räume hell und vor allem die Lobby mit den bequemen Sesseln und das Panoramarestaurant laden zum Verweilen ein. Auch vom Pool oder Whirlpool kann man den Blick über den Bodensee genießen, wenn es gerade nicht neblig ist. In den schönen Saunas geschieht ein wohlriechender Aufguss durch Knopfdruck, wann immer man möchte, und zwischendurch warten Nebelduschen, Kneippbecken und bequeme Liegen auf einen. Der gesunde Soleraum mit Himalayasalz ist wohl einzigartig und nur schon deswegen würden wir wiederkommen. Die gute Nachricht ist, dass der Wellnessbereich normalerweise auch für 35 Fr. für externe Tagesgäste offen ist.

Ein weiterer Höhepunkt im Hotel Heiden ist die leckere Küche im Panoramarestaurant. Zu fairen Preisen gibt es beliebte Schweizer Gerichte wie auch exotische, aber sehr leckere Kreationen.

Die Lage des Hotels ist praktisch, da man sowohl schnell in St. Gallen als auch in Rorschach am Bodensee ist. Natürlich stehen in dieser hügeligen Umgebung auch einige Wanderungen zur Auswahl. Nicht verpassen sollte man den *Witzweg*, der über Wolfhalden nach Walzenhausen führt. Die erste Tafel findet man vier Gehminuten vom Hotel entfernt beim Bahnhof. Zurück kann man mit dem Postauto fahren.

- **The Cambrian, Adelboden**

Das The Cambrian (www.the-cambrianadelboden.com) in Adelboden bringt die Augen der Gäste mit dem modernen Design in alpinen Farbtönen und dem tollen Blick auf die Bergwelt aus dem Wintergarten zum Leuchten. Der Wellnessbereich hat uns am meisten überzeugt, da alles sehr hübsch aussieht und es in den Saunas immer gut gerochen hat. Instagrammer werden am Pool ihre Freude haben, wo es sogar spezielle Zeiten zum Fotografieren gibt. Die Aussicht vom Wasser ist einmalig.

Das Frühstücksbuffet ist hübsch angerichtet und bietet eine riesige Käse und Früchteauswahl und auch sonst ist alles dabei, was man sich für einen Brunch wünscht.
Aktive können im Hotel gratis Schneeschuhe oder Schlitten ausleihen und die Busstation, von wo aus man zu allen Bergbahnen gelangt, ist gleich gegenüber des Hotels.

Was man in Adelboden Unternehmen sollte

Im Winter steht sicherlich Skifahren zu oberst auf der Liste und man könnte eine Weltcup-Piste hinabdüsen. Auch Eisklettern, Schneeschuhlaufen und Schlitteln stehen zur Auswahl. Wir haben die Rundwanderung über den Hörnliweg und die Senggistrasse gemacht, von wo aus man einen hübschen Blick auf das Dorf Adelboden hat. Allerdings war der Weg so vereist, dass man ihn nur mit Eisen begehen konnte. Im Sommer als auch Winter lohnt sich ein Ausflug zu den Engstligenfällen. Ab Adelboden nimmt man dazu den Bus nach *Unter dem Birg* und spaziert dann 15 Minuten zum beeindruckenden Wasserfall.

- **Park-Hotel am Rhein, Rheinfelden bei Basel**

Das Park Hotel (www.park-hotel.ch) befindet sich 17 Minuten mit dem Zug von Basel in einem, wie es der Name sagt, schönen, grünen Park mit einem tollen Blick auf den Rhein. Gerne habe ich auf meiner Terrasse im Liegestuhl ein Buch gelesen und die Sicht auf das Wasser genossen. Auch von der modernen Badewanne, in der gut zwei Leute Platz haben, hatten wir einen schönen Blick zum Fenster hinaus. Der Fitnessraum ist riesig und bietet alles, was Fitnessjunkies begehren. Das Beste ist allerdings, dass man gratis Zugang in die **Sole Uno Bade- und Saunawelt** hat. Das moderne und vielfältige Thermalbad ist eine wunderbare Erholungsoase! Allerdings muss man sich bei einem Besuch des Park Hotels bewusst sein, dass es auch ein Gesundheitshotel ist, in welchem Leute längere Kuraufenthalte machen. Man sieht also immer mal wieder Personen im Rollstuhl oder an Krücken und das Durchschnittsalter ist über 60. Wen das nicht stört oder wer sogar auf der Suche nach einem medizinischen Aufenthalt ist, liegt hier genau richtig.

- **Radisson Blu Hotel Andermatt**

Das Radisson Blu Hotel (www.radissonhotels.com) in Andermatt überzeugt mit einem stylischen Interieur. Es ist eine tolle Mischung aus modern und rustikal. Vor allem der offene Kamin in der Lobby, mit den bequemen Sesseln lädt zum Verweilen ein. Das ganze Hotel setzt sehr auf Nachhaltigkeit. So wird beispielsweise die Abwärme im Dorf anderweitig weiterverwendet und es besteht eine Zusammenarbeit mit dem WWF.

Der Fitnessraum bietet alles, was Sportbegeisterte brauchen und der große Pool mit Blick auf die Berge ist perfekt, um einige Bahnen zu ziehen. In der Sauna haben wir den Ruheraum vermisst. Da heißt es, Badehose oder Bademantel anziehen und zurück am Pool eine Liege finden.

Am meisten ließ jedoch das Frühstück unsere Herzen höher schlagen. Es gab eine große Auswahl an frischen Müslimischungen, Smoothies, Käse, Fleisch, Waffeln und noch viel mehr. Alles war zudem hübsch präsentiert.

Was man in Andermatt unternehmen kann:

Rund um das Hotel lockt Schneefans das Skigebiet Andermatt-Sedrun. Als Hotelgast erhält man vergünstigte Lifttickets.

Sowohl im Winter als auch in den anderen Jahreszeiten hat es viele Wanderwege, die man erkunden kann und im Sommer ist ein Spaziergang zur nahegelegenen Teufelsbrücke ein Muss. Zudem lohnt sich eine Zugfahrt mit dem Glacier-Express auf der schönen Matterhorn-Gotthard Strecke. Es ist beeindruckend, wie der Zug sich über die verschneiten Pässe schlängelt.

- **Hotel Bad Horn in der Nähe von Rorschach**

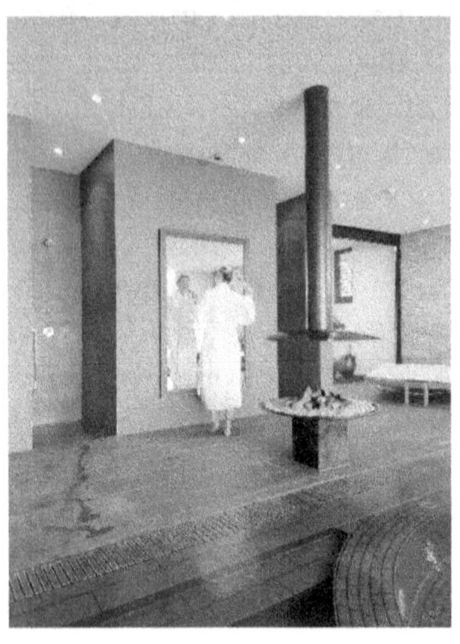

Das Hotel Bad Horn (www.bad-horn.ch) hat die perfekte Lage am Bodenseeufer. Sowohl von der hübschen Gartenterrasse als auch von den Zimmerbalkonen und dem Spa hat man einen traumhaften Blick auf das Wasser. Durch die verschiedenen Saunas, die Himalaja-Salzgrotte, den Indoor-Pool mit Gegenstromanlage und die schönen Kamine kann man es hier auch im Winter so richtig genießen.

Beim Frühstück wird man mit vielen Brot-, Fleisch-, Müsli- und Käsevariationen verwöhnt und auch dabei hat man einen herrlichen Blick auf den Bodensee.

Die Architektur ist im nautischen Stil gehalten und durch die vielen Goldelemente fühlt man sich richtig königlich. Ein toller Ort für einen Drink ist die Faro Bar, welche an einen Leuchtturm mit großer Glasfensterfront erinnert. Dies ist gleichzeitig die Zigarrenlounge.

Das Hotel eignet sich mit seinem Festsaal auch gut, um eine Hochzeit oder einen großen Geburtstag zu feiern. Zudem kann man das Hotelschiff „Emily" für private Anlässe mieten.

Während meinem Besuch war die deutsche Seeseite in Nebel gehüllt und der See wirkte wie ein endloser Ozean.

Was man in der Umgebung unternehmen kann

Das Bodenseeufer eignet sich hervorragend zum Fahrradfahren. Man kann beispielsweise von Rorschach bis nach Konstanz fahren (40 km) und dann mit dem Zug zurückkehren. Unterwegs hat es einladende Badeplätze und Grillstellen und im Frühling blühen die wunderbaren Apfelbäume. Schnell ist man auch mit dem Schiff in Lindau oder Friedrichshafen in Deutschland.

Zweiwöchige Reiseroute, um das Beste der Kultur und Natur zu sehen

Obwohl die Schweiz nur ein kleines Land ist, gibt es unendlich viele atemberaubende Orte zu entdecken. Um eine gute Mischung von allem zu haben (Berge, Wasser, verschiedene Sprachregionen, beeindruckende Zugfahrten, historische Städte), habe ich folgende Reiseroute zusammengestellt.
Die Wanderungen darunter (Äscher, Zermatt, Verzasca Tal) sind nur zwischen Mitte Mai und Mitte September geeignet.

Tag 1: Ankunft in Zürich

(Falls Du in Genf oder Basel ankommst, kannst Du die Tour natürlich auch dort starten oder türlich auch dort starten oder direkt von Basel in einer Stunde mit dem Zug nach Zürich fahren).

Mit dem Zug kommst Du vom Flughafen schnell in die Innenstadt. Schlendere entlang der Bahnhofstrasse oder flaniere durchs Niederdorf und trinke Deine erste leckere heiße Schokolade. Vom Münsterturm aus hast Du eine hübsche Aussicht über die Altstadt, die Limmat und den Zürich-See. Nach all den Anstrengungen kannst Du Dich am Seeufer entspannen.

Tag 2: Stein am Rhein, Schaffhausen und Rheinfall

Am Morgen begibst Du Dich mit dem Zug nach Stein am Rhein, eines der hübschesten Altstädtchen der Schweiz. Von dort

fährst Du mit dem Schiff auf dem Rhein (oder mit dem Zug) nach Schaffhausen. Dies ist wiederum eine schöne Altstadt und von der Burgfestung, die gratis zugänglich ist, hat man einen tollen Ausblick.

Der krönende Abschluss kommt erst noch. Spaziere oder fahre zum Rheinfall in Neuhausen. Der Wasserfall vor dem Schloss sieht von allen Seiten hübsch aus.

Tag 3: St. Gallen

Mache heute die einstündige Fahrt nach St. Gallen. Besuche das schöne Kloster und bewundere die Erker in der Altstadt. Bei schönem Wetter lohnt sich der Aufstieg zu den Drei Weihern. Nimm ein Bad oder entspanne einfach am Wasserrand. Vom Höhenweg aus hat man eine tolle Aussicht über die Stadt bis hinunter zum Bodensee und nach Deutschland.

Tag 4: Appenzell und Äscher

Checke aus Deiner Unterkunft aus, aber lass das Gepäck dort eingestellt. Fahre mit der Appenzeller Bahn nach Wasserauen und wandere hoch zum hübschen Seealpsee. Danach geht es weiter zum verblüffenden Gasthaus Äscher, welches perfekt an die Felswand angebaut wurde. Durch eine Höhle geht es hoch in die Ebenalp, wo Du die Wahl hast, mit der Seilbahn ins Tal zu fahren, oder

nach Weissbad hinunterzuwandern. Fahre danach für ein spätes Mittagessen oder einen Nachmittagssnack nach Appenzell. So stellt man sich die typische Schweiz vor. Mache einen Rundgang durch das touristische Zentrum und fahre nachher zurück nach St. Gallen. Du hast noch eine zweistündige Zugfahrt nach Luzern vor Dir. Entweder isst Du vorher in St. Gallen Dein Abendessen, nimmst es in den Zug oder suchst Dir dann in Luzern etwas.

Tag 5: Luzern

Natürlich hast Du gestern Abend bereits einen Blick auf die Kapellbrücke geworfen. Heute kannst Du sie bei Tageslicht nochmals von allen Seiten betrachten und begehen. Auch ein gutes Tagesprogramm wäre eine Schifffahrt auf dem Vierwaldstättersee oder ein Besuch im Verkehrshaus. Am Abend fährst Du nach Interlaken, Grindelwald oder Lauterbrunnen und checkst in Deine Unterkunft ein.

Tag 6: Interlaken und Jungfrau

Auf einer Reise mit so vielen Höhepunkten ist heute ein spezieller Tag gekommen. Du wirst auf über 3000 Höhenmeter auf den Gipfel des Jungfraujochs fahren.

Je nach Ticket wird dies bereits früh am Morgen sein. Genieße die Aussicht auf die umliegenden Berge und besichtige die Eisskulpturen im Eispalast. Je nach Zeit, kannst Du die Städtchen Lauterbrunnen, Grindelwald oder Interlaken besuchen, bevor Du die Reise (2 h 15 min) nach Zermatt antrittst. Auch wenn Du erschöpft bist von den Eindrücken des Tages oder dem Höhenunterschied, versuche, im Zug wach zu bleiben und aus dem Fenster zu schauen. Die Umgebung ist reizend.

Tag 7: Zermatt

Heute und morgen hast Du Zeit für Wanderungen in der Region des Matterhorns. Es hat viele Auswahlmöglichkeiten für verschiedene Wanderbedürfnisse. Keine Angst, das Matterhorn wirst Du auf alle Fälle sehen, auch wenn Du dabei nicht schwitzen möchtest.

Tag 8: Zermatt

Mache eine weitere Wanderung oder fahre einfach mit einer Bergbahn auf einen Gipfel. Genieße die saubere, frische Luft und das fantastische Bergpanorama. Spaziere durch das herzige Dörfchen Zermatt. Je nach Aktivitäten fährst Du heute Abend oder morgen früh nach Bern. Wenn möglich, lieber schon heute Abend, denn in Bern könnte man gut auch mehr als einen Tag verbringen.

Tag 9: Bern

Endlich bist Du in der schönen Hauptstadt der Schweiz angekommen. Besuche die Bären im Bärengraben, mache einen Spaziergang entlang der grünen Aare oder wage sogar ein Bad darin. Schlendere durch die Arkaden und trinke einen Kaffee oder esse die einheimischen Apfelküchlein.

Tag 10: Lausanne

Nimm den Zug nach Lausanne und fahre damit den schönsten Zugabschnitt der Schweiz. Kauf Dir ein Eis und mach einen Spaziergang entlang des Sees und besichtige die Altstadt.

Tag 11: Gruyères und Cailler

Fahre heute durch die schöne Landschaft in das mittelalterliche Dorf Gruyères, wo Du eine Käserei besichtigst. Nach einem Stadtrundgang fährst Du weiter zur Schokoladenfabrik von Cailler. Mhh, nach dem Rundgang durch das Museum kannst Du Schokolade degustieren, bis Dir übel ist. Auf den Abend geht es zurück nach Lausanne.

Tag 12: Genf

(Falls Du mit dem Flugzeug in Genf angekommen bist, machst Du die Reise von hier bis Tag 1 rückwärts und fährst dann morgen von Zürich nach Bellinzona).

Mache einen Spaziergang entlang des Seeufers und schieße ein Foto des berühmten Springbrunnens. Besuche das Gebäude der UNO, das Museum des Roten Kreuz oder schau Dir in den Schaufenstern der Läden die wertvollen Uhren an.

Falls Du nicht museumsbegeistert bist, ist Genf die Stadt aus diesem Reiseplan, die Du am ehesten auslassen kannst. Stattdessen könntest Du z. B. einen Tag länger in Bern bleiben oder ab Bern, Luzern oder Zürich noch einen Ausflug nach Basel machen.

Tag 13: Bellinzona

Die Zugfahrt von Genf nach Bellinzona dauert 4h 40 Minuten.

Deshalb solltest Du früh am Morgen losreisen, damit Du doch noch genügend Zeit für die Besichtigung der Burgen in Bellinzona hast. Das Reisen im Zug ist bequem und Du kannst die Fahrt mit Schlafen, Kartenspielen, Lesen oder Musikhören verbringen.

In Bellinzona solltest Du Dir ein leckeres Eis gönnen und zumindest das Castelgrande besuchen. Auch eine Pizza wäre eine gute Idee. Das mediterrane Gefühl hier im Tessin ist definitiv spürbar.

Tag 14: Verzasca Tal

Fahre via Tenero nach Sonogno zum hinteren Ende des Verzasca Tals. Spaziere vorbei an uralten Steinhäusern, über kleine Brücken und bewundere die Farben der Verzasca. Wenn es warm genug ist und Du eine sichere Stelle siehst, wo auch andere Leute schwimmen, kannst Du Dir eine Abkühlung gönnen. Eine gute Ergänzung zu dieser Wanderung wäre eine Tessiner Platte aus Fleisch und Käse oder eine italienische Vorspeise in einem Grotto. Kehre dann nach Bellinzona zurück.

Tag 15: Locarno oder Lugano

Beide Städte haben ihren eigenen Charme, man hat jedoch relativ ähnliche Freizeitaktivitäten zur Auswahl. Fahre heute also entweder nach Locarno oder Lugano und bringe Dein Gepäck in die Unterkunft. In Locarno spazierst Du nachher zur Madonna del Sasso Kirche und könntest zum Aussichtspunkt Cardada hinauf wandern oder fahren.

In Lugano fährst Du auf den San Salvatore und wanderst nach Morcote hinunter.

Tag 16: Locarno/Lugano und Rückfahrt nach Zürich

Flaniere nochmals durch die Altstadt und entlang des Seeufers, bevor Du Dich auf der Rückreise nach Zürich im Zug entspannen und über die tolle Reise in der Schweiz nachdenken kannst.

Dies ist ein möglicher Reiseablauf. Natürlich gibt es noch ganz viele andere gute Kombinationen, die Du nach Belieben planen könntest. Schauen wir uns dazu jeden Ort mehr im Detail an, beginnend mit Zürich.

Zürich

Zürich ist eine moderne Wirtschaftsstadt. Es reiht sich ein luxuriöses Geschäft ans andere entlang der Bahnhofstrasse. Diese eignet sich somit hervorragend fürs Windowshopping und fürs Sehen und gesehen werden. Wer gerne Kultur hat, kann sich in den guten Kunstmuseen oder historischen Museen verweilen und auch für die Naturfreunde bietet Zürich einiges. Es hat sowohl einen Fluss (die Limmat) als auch einen See. Vor allem im Sommer laden deren Ufer und Wasser zum Verweilen ein.

Wie man vom Flughafen ins Stadtzentrum kommt

Dies ist am Flughafen Zürich sehr einfach. Man nimmt einen Zug vom unterirdischen Bahnhof und ist in spätestens 10 Minuten am Hauptbahnhof. Auch Busse oder die Tram 10 und 12 verkehren ab dem Flughafen in verschiedenste Vororte.

Was man in Zürich unternehmen sollte

Wenn Du in Zürich ankommst, wirst Du bestimmt einen guten Start in der Schweiz haben. So viele tolle Plätze liegen in Gehdistanz voneinander.

Lass Dich von der Bahnhofshalle überraschen

In der Bahnhofshalle des Hauptbahnhofs finden regelmäßig Märkte und Veranstaltungen statt. Besonders der Weihnachtsmarkt mit dem reichlich geschmückten Christbaum ist schön. Auch wenn gerade nichts stattfindet, sollte man einen Blick zur Decke der Bahnhofshalle werfen, wo die Engelsfrau «Nana» von der Künstlerin Niki de Saint Phalle schwebt. Diese bietet Reisenden Schutz und die Möglichkeit, gratis Kunst im öffentlichen Raum zu sehen.

Besichtige die Bahnhofstrasse

Im Winter ist die Bahnhofstrasse schön dekoriert mit Weihnachtsschmuck und das ganze Jahr über bieten die Geschäfte ein Shoppingvergnügen. Der wohl bekannteste Bankensitz der Welt liegt auch entlang der Bahnhofstrasse und man kann sich ein bisschen reicher fühlen, wenn man am **Paradeplatz** die Namen der Großbanken liest, welche man sonst immer im Fernsehen sieht.

Erklimme das Münster

Die Schweiz hat viele schöne Kirchen und ein Besuch lohnt sich auch, wenn man nicht religiös ist. Die beste Kirche dazu in Zürich ist das Grossmünster (www.grossmuenster.ch/de/besuchen), denn dort kann man für 5 Fr. auf den Kirchturm steigen. Man hat einen guten Ausblick über die Altstadt von Zürich und beim Treppensteigen auch gleich noch etwas Sport gemacht. Zudem kann man sich das Eintrittsgeld ans Ticket vom Kunsthaus Zürich rechnen lassen. Die Kunstsammlung kostet dann noch 11 anstatt 16 Fr.

Spaziere durch das Niederdorf

Das Niederdorf ist ein Altstadtquartier, welches parallel zur Limmat verläuft. Es beginnt bei der Tramstation Central und zieht sich bis zum Grossmünster. Es lohnt sich, durch die schmalen Gässchen zu spazieren und die historischen Hausfassaden zu betrachten. Zudem hat es im Niederdorf viele kleine Boutiquen, einladende Restaurants, Cafés und Bars für gemütliche Abende. Hier findest Du übrigens die günstigsten Preise von Zürich (z. B. *Restaurant Johanniter,* Niederdorfstrasse 70). Das kulturell wichtige *Cabaret Voltaire* (Spiegelgasse 1) befindet sich auch im Niederdorf. Dort war 1916 die Geburtsstunde des Dadaismus und noch heute finden regelmäßig Musik- und Kunstveranstaltungen statt, welche man während einem Bier genießen kann.

Erklimme einen Aussichtspunkt

Herzige Kirchtürme und blaue Gewässer mit den Alpen im Hintergrund – das ist Zürich. Da ergibt es absolut Sinn, dass man sich dieses Bild von Oben anschaut. Mein Lieblingsort dazu ist die **Polyterrasse**, welche vor der ETH und Universität Zürich liegt. Dies ist auch ein super Ort, um an Silvester die Neujahrsfeuerwerke zu schauen. Man kann zur Polyterrasse hochlaufen, die Tram 10, 6 oder 9 zur Haltestelle *Universität/ETH* nehmen oder in einer Minute mit der altertümlichen Polybahn hoch-fahren, welche unten am Central startet.

Auf der gegenüberliegenden Flussseite befindet sich der **Lindenhof**. Dies ist eine kleine Parkanlage mit schönem Ausblick auf die Limmat und das Grossmünster. Hier kann man im Sommer gut Picknicken.

Ein weiterer Aussichtspunkt, welcher zugleich ein Zürcher Naherholungsgebiet ist, ist der **Üetliberg**. Zürichs Hausberg ist 870 m hoch und bietet Aussicht auf den Zürichsee und die Alpen. Wem dies noch nicht hoch genug ist, kann auf den 70 m hohen Aussichtsturm steigen (2 Fr.).
Der Üetliberg ist ein guter Ort, um ein wenig frische Luft zu schnappen oder, um auf dem Planetenweg etwas zu lernen.
Ab dem unterirdischen Gleis 22 im Hauptbahnhof erreicht man den Üetliberg (oder Uetliberg) in knapp 30 Minuten mit der S10.

Besuche den Zoo

Der Zoo Zürich ist eine schöne Anlage, deren Gehege ständig modernisiert werden. Im Winter gibt es ab unter 10 Grad eine tägliche Pinguinparade. Das ganze Jahr über lockt die Masoala-Regenwaldhalle mit exotischen Momenten und das große Elefantengehege oder die offene Australienabteilung lässt es zu, die Tiere aus nächster Nähe zu betrachten. Man kann gut den ganzen Tag im Zoo verweilen.

Online sind die Tickets 1 Fr. günstiger (www.zoo.ch/en/plan-your-visit/tickets) . Erwachsene ab 21 Jahren kosten 28 Fr. Kinder unter 6 Jahren sind gratis.

Mache eine Schifffahrt

Vom Steg am **Bürkliplatz** (im Pavillon auf dem Bürkliplatz kann man übrigens im Sommer jeden Mittwoch ab 20 Uhr gratis Salsa tanzen) kann man von April bis Oktober Schiffsrundfahrten auf dem Zürichsee machen. So könnte man z. B. mit dem Schiff nach Rapperswil fahren, dort die Altstadt besuchen und dann entweder mit dem Zug oder Schiff zurückfahren. Auch entlang dieser Route liegt die Station Kilchberg, wo das *Lindt Home of Chocolate* liegt (natürlich kann man auch gut mit dem Bus oder Zug dorthin fahren).

Fast noch unterhaltsamer ist eine Fahrt mit dem **Limmatschiff**. Diese sind extra flach gebaut, damit sie unter den Brücken durchpassen. Man könnte z. B. vom Bürkliplatz zurück zum Hauptbahnhof fahren (Haltestelle *Landesmuseum*) oder umgekehrt. Kläre beim Fahrer ab, ob Dein Zugpass das Schiffticket bereits enthält. Ansonsten kostet eine Fahrt 4.40 Fr.

Bade im See oder in der Limmat

Am Seeufer gibt es viele Plätze, wo man gut ins Wasser kann. Ein beliebter Ort ist die *Landiwiese* oder, wenn man lieber in ein Freibad möchte, kann man in die *Badi Wollishofen* oder *Tiefenbrunnen* gehen. In der Limmat kann man bei den Flussbädern *Oberer Letten* oder *Unterer Letten* gratis schwimmen. Vielleicht lässt Du Dich von anderen Leuten inspirieren und springst von einer kleinen Brücke, um Dich ein Stück im Fluss treiben zu lassen.

Lande im Schokoladenschlaraffenland

Das *Lindt Home of Chocolate* (Schokoladenplatz 1, 8802 Kilchberg) öffnete im September 2020 seine Tore. Auf der Schokoladentour lernt man über die Herstellung von der Schokolade und kann am Schluss Schokolade degustieren. Des Weiteren hat es ein Café mit feinster Lindt Schokolade und den größten Lindt Schokoshop der Welt.

Wer danach noch nicht genug hat von Schokolade, kann auch in den Sprüngli Cafés (ehemals Lindt & Sprüngli) in der Innenstadt feinste Pralinés kaufen und eine heiße Schokolade trinken.

Wo man leckeres Essen oder gute Desserts findet

In Zürich gibt es viele gute Restaurants, Cafés und Bars und hier stehen bei weitem nicht alle. Manchmal ist es auch gut, wenn man einfach auf sein Bauchgefühl hört.

Schlecke ein leckeres Eis

Im Quartier *Lochergut* (Anfahrt mit Tram 2 und 3) wirst Du auf eine lange Menschenschlange stoßen, welche vor der *Gelateria di Berna* wartet (die gleiche Gelateria hat es natürlich auch mehrere Male in ihrer Ursprungsstadt in Bern). Dort findest Du selbst hergestellte Kreationen, welche nicht ganz alltäglich, jedoch super lecker sind. Im selben Quartier hat es zudem viele vorzügliche Restaurants aus allen Nationen. Z. B. Mein Lieblingsrestaurant:

Miki Ramen

Das winzige *Miki Ramen* bietet absolut authentische Japanische Ramensuppen. Echt lecker! Man teilt sich die Tische mit den anderen Gästen wie in japanischen Ramenbars. Leitungswasser kann man sich gratis aus einer Karaffe einschenken.

Verliebe Dich in vegane Torten

Bleiben wir gleich beim Japanischen. An der Bärengasse 20 findet man das kleine Café *MIYUKO*. Die Tortenkreationen sind kitschige Farbexplosionen und zudem die wahrscheinlich leckersten Desserts, die ich je gegessen habe. Normalerweise ernähre ich mich nicht vegan, aber umso besser, dass etwas Veganes so viel Geschmack haben kann.

Vegetarisch mit großer Auswahl

In Zürich hat es mehrere Hiltl Restaurants und in der ganzen Schweiz mehrere *tibits* Restaurants. Beides sind Restaurants mit vielfältigen vegetarischen Buffets. Man kann vor Ort oder Take-Away essen.

Jules Verne Panoramabar

Suchst Du einen Ort für ein romantisches Date mit einer tollen Aussicht? Warum nicht in einer Bar mit 360° Glasfensterfront unter einer Sternwarte mitten in der Stadt? Dort komme ich mir manchmal ein bisschen vor wie in New York. Bereits die Ankunft ist speziell, da man durch das gehobene französische Restaurant im Erdgeschoss geht und dann per Lift in der Bar ankommt (Uraniastrasse 9).

Spüre das echte Sommergefühl

Das hippe Ausgangsviertel von Zürich befindet sich in Zürich West. Ein entspannter Ort für einen Drink an einem warmen Sommerabend ist *Frau Gerolds Garten* (Geroldstrasse 23/23a). Bunt zusammengewürfelte Tische und Stühle befinden sich unter Lichterketten oder auf Containern im Freien.

Gleich daneben befindet sich auch der Instagram-geeignete Containerturm von der FREITAG Marke, welche eine der ersten waren, die Taschen aus recycelbarem Material herstellten.

Noch ein bisschen weiter die Straße runter findet man das Viadukt mit hübschen Bars und Restaurants in den Viaduktbögen (Viaduktstrasse). Zudem hat es am Ende der Viaduktbögen eine Markthalle mit Leckereien aus der ganzen Welt. Eine andere coole Markthalle gibt es in der Europaallee 22.

Für Literaturliebhaber

Wer es kulturell mag, sollte sich ins *Grand-Café Odeon* (Limmatquai 2) begeben. Dort haben schon Schriftsteller wie

Friedrich Dürrenmatt, Max Frisch oder Frank Wedekind an ihren Geschichten geschrieben. Wenn Du von da schräg über den Bellevue Platz läufst, landest Du auf dem Sechseläuten Platz. Auch hier finden das ganze Jahr über immer wieder unterhaltsame Anlässe statt. Zudem kann man den Anblick des Opernhauses genießen.

Wo Du in Zürich übernachten solltest

Ich bin ein Fan der jeweils individuell und stylish designten **25hours Hotels**. In Zürich hast du gleich zwei zur Auswahl. In beiden Hotels kann man Fahrräder mieten und kostenlose Micro Scooter ausleihen. Zudem kann man die Minibar auf dem Zimmer gratis genießen, sowie ein kostenloses Pocket-WIFI mitnehmen.

Kunstliebhaber und Besucher eines Events auf dem Toni Areal oder in der Maag Eventhalle finden im **25hours Hotel Zürich West** (www.25hours-hotels.com/hotels/zuerich/zuerich-west) ein tolles Zuhause. Wer aktiv sein möchte, kann sich am Pingpong Tisch oder im Fitnessraum auspowern oder in der Sauna entspannen. Die Zimmer sind mit Liebe zum Detail gestaltet und auch die farbenfrohen Co-Working Bereiche sind einladend. Ein leckeres Frühstück gibt es im Restaurant Ribelli. Das Hotel liegt in Gehdistanz zum Viadukt mit vielfältigen Restaurants in der Viadukt Markthalle und mehreren Kunstmuseen.

Für Touristen, die gerne ein zentrales Hotel haben, ist das **25hours Hotel Zürich Langstrasse** (www.25hours-hotels.com/hotels/zuerich/langstrasse) perfekt. Es liegt im modernen, urbanen Quartier der Europaallee und am Anfang von Zürichs Partymeile. Trotzdem war es absolut ruhig in unserem gemütlichen Zimmer. Vor allem hat mir der sagenhafte Ausblick über die Geleise durch das raumhohe Hotelfenster und von der Glasfront der Sauna gefallen. Das Bett war sehr bequem (in beiden Hotels). Auf den unteren Stockwerken hat es mehrere behagliche Sitzmöglichkeiten, um einen Kaffee oder Cocktail von der hippen Bar zu genießen oder etwas am Laptop zu arbeiten. Für Retroliebhaber hat es einen Flipperkasten, an welchem man für 1 Fr. spielen kann oder eine alte Fotobox. Ich habe mich sehr gefreut, dass es im 25hours Hotel Zürich Langstrasse auch ein NENI Restaurant hat, wo man orientalisch angehauchte Spezialitäten essen kann. Dadurch haben beim Frühstück auch ein leckeres Shakshuka und viele tolle Dips wie Baba Ganoush nicht gefehlt. Nur schon zum Brunch würde ich also wieder hierher zurückkommen, was man zum Glück auch als externer Gast kann.

Tagesausflüge ab Zürich

Zürich ist ein bisschen wie das Herz der Schweiz, von wo aus man in alle anderen Regionen ausschwärmen kann. Sowohl nach St. Gallen, Bern, Basel und Luzern kommt man mit dem Zug in einer Stunde oder weniger. Während man gut mehrere Tage in jeder einzelnen Stadt verbringen könnte, eignen sich die folgenden zwei Orte besonders gut für Tagesausflüge ab Zürich.

Rapperswil

Die Altstadt in Rapperswil entzückt mit hübschen Riegelhäusern. Der Blick über den blauen Zürichsee mit den sich spiegelnden Alpen ist einmalig.

Anreise nach Rapperswil

Den Bahnhof Rapperswil kann man aus verschiedenen Richtungen erreichen und es fahren täglich fast alle 10 Minuten Züge von Zürich nach Rapperswil. Diese Verbindung dauert knapp 40 Minuten. Die genauen Fahrzeiten kannst Du auf der SBB-Webseite oder in der SBB Fahrplan-App nachschauen.

Des Weiteren kannst Du die Anreise nach Rapperswil mit einer Schifffahrt ab Zürich verbinden. Die Schiffe verlassen im Sommer den Bürkliplatz und erreichen Rapperswil zwei Stunden später. Man könnte auch am Nachmittag von Rapperswil zurück zum Bürkliplatz fahren. Den Fahrplan kann man direkt auf der ZSG-Webseite (zsg.ch/de/ fahrplan-preise) nachschauen.

Sehenswürdigkeiten und Aktivitäten in Rapperswil

Gehe auf dem Holzweg

In Rapperswil befindet sich der mit 841 m längste Holzsteg der Schweiz. Er führt von Rapperswil nach Hurden und ist Teil des Jakobswegs. Der Ausblick auf den See ist fantastisch.

Rieche an den Rosen

Vier Rosengärten befinden sich in Rapperswil und drei davon sind öffentlich zugänglich. Somit hat sich Rapperswil einen Namen als Rosenstadt gemacht. Zu finden sind sie beim Einsiedlerhaus, bei der Schanz Tiefgarage und am Rebberg.

Beobachte Hirsche

Auf dem Schlosshügel Lindenhof leben 10 bis 15 Damhirsche, an welchen Groß und Klein Gefallen finden. Sozusagen ein gratis Zoo. Ein größerer Zoo, der Eintritt kostet, hat es nämlich auch in Rapperswil. Knie's Kinderzoo (www.knieskinderzoo.ch) wurde 1962 von der Zirkusfamilie KNIE eröffnet und spezialisiert sich seither darauf, einen lehrreichen Zoo für Kinder und Erwachsene zu führen.

Tagesausflug nach Schaffhausen und Stein am Rhein

Diese zwei Städtchen haben immer noch ein mittelalterliches Flair mit aufwendig bemalten Hausfassaden und Stadttoren. Zudem wirst Du heute den **größten Wasserfall Europas** sehen. Es ist also ein erlebnisreicher Tagesausflug vollgepackt mit kulturellen, natürlichen und kulinarischen Eindrücken.

Ablauf des Tagesausflugs

Am Morgen nimmst Du den Zug via Winterthur nach Stein am

Rhein. Die Fahrt mit der schnellen Verbindung dauert 1 h 7 min.
Auch vom Bodensee oder St. Gallen ließe sich dieser Tagesausflug gut machen.

Stadtrundgang in Stein am Rhein

In Stein am Rhein machst Du einen Spaziergang über den Rathausplatz und bestaunst die Riegelhäuser und bunten Fassaden mit den Erkern. Es ist wirklich eine speziell schöne Stadt, welche zum Flanieren einlädt. Gönne Dir einen Kaffee oder ein Eis. Die Preise hier sind günstiger, da es gleich an der Grenze zu Deutschland liegt. Im Zweiten Weltkrieg war diese Lage etwas verwirrend und sowohl Stein am Rhein als auch Schaffhausen wurden bombardiert, weil sie teilweise auf der „deutschen" Seite des Rheins liegen. Auch die Schweiz blieb in diesem dunkeln Kapitel also nicht ganz verschont.

Schifffahrt nach Schaffhausen

Nutze die Zeit und wandere noch ein bisschen dem Rheinufer entlang. Um 11.30 Uhr nimmst Du das Schiff in Richtung Schaffhausen (überprüfe zur Sicherheit noch den Fahrplan auf: www.urh.ch/fahrplan), wo Du um 12.45 Uhr ankommst. Falls Dir das zu lange dauert, kannst Du auch in 27 Minuten mit dem Zug nach Schaffhausen fahren.

Erklimme den Munot

Eines der Wahrzeichen von Schaffhausen ist die Festung *Munot*, welche auf einem Hügel über der Stadt thront. Auch heute noch läutet der Munotwächter jeden Abend um 9 Uhr das Turmglöcklein von Hand. Früher kündete dies die Schließung der Stadttore und der Wirtshäuser an. Man kann die Burg aus der Innenstadt besteigen (z. B. beim Munotsteig). Auch hier leben Damhirsche im Burggraben und auf dem Weg kommt man an einem Rosengarten vorbei. Der Eintritt in die Burg ist gratis

und man hat einen schönen Ausblick über Schaffhausen.

Finde den Spruch auf dem Stadttor

In einer Zeit, wo eher politische Überkorrektheit herrscht, tut es gut, an einem so historischen Gebäude den Spruch des Kunstmalers Arnold Oechslin zu lesen. Auf dem nördlichen Torbogen des Schwabentors steht „Lappi

tue d'Augen uf". Falls Du kein Schweizerdeutsch sprichst, es bedeutet ungefähr: Idiot, öffne die Augen. Dies sowohl, weil das Tor an einer wichtigen Straßenkreuzung steht, als auch als Anspielung auf das Schulhaus in der Nähe, dass das Wichtigste im Leben ist, mit offenen Augen durch die Welt zu gehen.

Wenn Du Dich an den schönen Häusern in Schaffhausen sattgesehen und Deinen Bauch entweder mit einer Pizza aus einer der vielen Pizzerien oder einem selbstgemachten Eis von *El Bertin* vollgeschlagen hast, ist es Zeit für eines der Highlights in der Schweiz: den imposanten Rheinfall.

Lass Dich vom Rheinfall beeindrucken

Spaziere 1 h entlang des Rheins von Schaffhausen in Richtung *Schloss Laufen.* Das Schloss sitzt oben an den Wasserfällen und man erreicht es über eine Brücke an der oberen Kante des Wasserfalls. Diese Brücke gehst Du nachher wieder zurück, um dem Rheinfall seitlich hinunter

zu folgen. Unterwegs hat es viele tolle Orte für Fotos.

Falls Du keine Stunde spazieren möchtest, nimmst Du den Zug oder Bus von Schaffhausen nach *Neuhausen Rheinfall* (Zug) / *Neuhausen, Zentrum* (Bus). Schau auf Maps.me nach, wie Du zum Rheinfall kommst. Es ist etwa ein 7-minütiger Spazierweg, den Du mit einem gratis Glas-Lift hinter dem Bahnhof *Neuhausen, Rheinfall* abkürzen kannst. Dann kannst Du entweder links dem Wasser entgegenlaufen und Du wirst zur Brücke und zum *Schloss Laufen* hochkommen oder Du gehst rechts am Flussufer entlang und siehst den Rheinfall von vorne.

Du bemerkst, dass es Leute auf dem grünen Felsen in der Mitte des Wasserfalls hat und fragst Dich, wie man dorthin kommt.

Bootsfahrt zum Rheinfall
Mit dem gelben Boot vom Schiffssteg kannst Du für 20 Fr. zum Felsen und zurück fahren. Der ganze Ausflug dauert ungefähr 30 Minuten. Es hat noch drei weitere Bootslinien, welche ab dem Steg verkehren. Auf rheinfall.ch findest Du mehr Informationen.

Wenn Du genug gesehen hast vom Wasserfall, begibst Du Dich zurück zum Bahnhof Neuhausen, Rheinfall und nimmst einen Direktzug oder eine Verbindung via Schaffhausen zurück nach

Zürich. Dies dauert ca. eine Stunde.

Tipp: Falls Du gerne aktiv bist und den Nervenkitzel suchst, kannst Du auch eine Nacht in dieser Region übernachten und einen halben Tag im Adventure Park Rheinfall verbringen (www.ap-rheinfall.ch/). Dort kletterst Du auf Elementen hoch durch die Baumkronen und saust auf Seilrutschen durch den Wald. Von der einen Seilrutsche hat man eine wahnsinnig gute Aussicht auf den Wasserfall.

Basel

Falls Du mit der Bahn aus Deutschland kommst, ist Basel wahrscheinlich Dein erster Bahnhof in der Schweiz. Diese Stadt am Rhein ist bekannt für ein tolles Fasnachtsfest (Karneval), welches jährlich um 4 Uhr morgens am Montag nach dem Aschermittwoch beginnt und bis um 4 Uhr am Donnerstagmorgen dauert. Zudem hat Basel eine der besten Kunstszenen in der Schweiz.

Anfahrt nach Basel und Verbindungen nach Deutschland oder Frankreich

Von Zürich gibt es halbstündliche Direktverbindungen nach Basel (53 Minuten), von Bern in 56 Minuten und von Luzern in knapp über einer Stunde.
Der deutsche Grenzbahnhof, wo man mit Tickets vom Schweizer Netz auch noch hinkommt, heißt **Basel Badischer Bahnhof**.

Von dort verkehren Züge in alle möglichen Städte in Deutschland. Auch ein internationaler Flughafen befindet sich in Basel. Vom **EuroAirport Basel-Mulhouse** kommst Du mit der Buslinie 50 in 20 Minuten zum Hauptbahnhof ins Stadtzentrum von Basel. Oft ist es übrigens günstiger, nach Basel zu fliegen, anstatt nach Zürich oder Genf. Überprüfe beim Buchen der Tickets, welcher Flughafen am besten für Dich ist.

Da Basel im Dreiländereck liegt, wäre auch ein Tagesausflug nach Frankreich möglich. Oder man sitzt in den TGV Zug und ist in knapp über 3 Stunden in Paris.

Was Du in Basel unternehmen solltest

Natürlich könntest Du Dich auch hier einfach an einer geeigneten Stelle im Rhein treiben lassen (hier findest Du die Schwimmsicherheitsregeln: https://www.slrg.ch/de/praevention/slrg-regeln/flussregeln) oder einen Kaffee in einem der einladenden Restaurants trinken. Allerdings hat Basel noch viel mehr zu bieten.

Begebe Dich auf einen architektonischen Rundgang

In Basel gibt es mehrere markante Bauwerke zu entdecken, welche Du Dir auf einem Spaziergang durch die Stadt anschauen könntest. Z. B. die **BIZ** (Bank für Internationalen Zahlungsausgleich, Adresse: Aeschgraben) von Tessiner Architekt Mario Botta, die Kuppel der **Markthalle** (Steinentorberg 20), in welcher man sich nach oder während einer Stadtbesichtigung gut an den Essensständen verpflegen kann. Der verschachtelte **Novartis Campus** (z. B. Fabrikstrasse 15) ist auch ein Foto wert. Der **Roche-Turm** (Grenzacherstrasse 124) von den Architekten Herzog & de Meuron ist mit 205 m das im Moment höchste Gebäude der Schweiz. Mich erinnert es an einen großen Zacken Toblerone. Fußballfans können das **St. Jakobs-Stadion** (St. Jakobs-Strasse 395) besuchen, wo der FC Basel zu Hause ist. Kunstfans sollten unbedingt zum **Werkraum Warteck**, welcher ein schöner Ziegelbau ist. Eine futuristische Treppe führt ins Gebäude (Burgweg 7-15). Auch das gotische **Basler Münster** lässt sich sehen.

Lass Dich vom Tinguely-Brunnen verzaubern

An der Kunst von Jean Tinguely findet wohl jeder Gefallen, da es meistens sich bewegende, mechanische Figuren sind. Sein Brunnen an der Theaterstrasse ist öffentlich zugänglich. Wer danach noch nicht genug hat von Tinguelys Kunst, kann sein Museum besuchen (Paul Sacher-Anlage 2, geöffnet von Di-So, 11 bis 18 Uhr. Am Donnerstag ist das Museum von 18 – 21 Uhr gratis. Ansonsten kostet es ab 16 Jahren 18 Fr. Gratis mit dem Museumspass und 9 Fr. mit der Basel Guest Card.)

Spaziere über die längste, freitragende Fußgängerbrücke der Welt

Die geschwungene Brücke verbindet das Französische *Huningue* im Elsass mit der Deutschen Stadt *Weil am Rhein*. Wenn Du aus der Schweiz über die Brücke gehst, würdest Du Dich also an einem Tag in drei Ländern befinden. Zur Brücke und dem Shopping Center kommst Du bequem mit der Tramlinie 8 in Richtung *Weil Bahnhof*. An der Haltestelle *Dreiländerbrücke* aussteigen. Falls Du nur ein gutes Foto von der Brücke machen willst, schießt Du dieses von der Westquaistrasse 75. Dort kannst Du zudem in der *Sandoase* entspannen und etwas essen oder trinken. Danach könntest Du in 30 Minuten gemütlich am Rheinufer entlang zurück ins Zentrum spazieren.

Spaziere nach Klein Venedig

Vom Kunstmuseum Basel aus (welches eines der besten Kunstmuseen in der Schweiz ist und immer wieder abwechslungsreiche Ausstellungen hat) kannst Du rechts durch das hübsche St. Alban Quartier zum Museum für Gegenwartskunst spazieren. Hinter dem Museum liegt das St. Alban Tal. Es führt ein kleiner Fluss direkt vorbei an Riegelhäusern und man könnte fast meinen, man sei in Venedig gelandet. Definitiv ein guter Ort für Instagram Fotos.

Gönne Dir einen Drink mit Aussicht

Die Bar Rouge (Adresse: Messeplatz 10) ist eine der höchsten Skybars der Schweiz. Die Glasfensterfront ermöglicht tolle Ausblicke (sogar, während man auf der Toilette sitzt) und die Cocktails lassen nichts zu wünschen übrig.

Reise in die Römerzeit

Mit der S1 ab Basel fährt man in 22 Minuten zur Haltestelle *Kaiseraugst*. Von dort führt ein 10-minütiger Fußweg in eine andere Epoche und man landet in **Augusta Raurica** (Giebenacherstrasse 17, 4302 Augst). Es ist der größte archäologische Park der Schweiz und beinhaltet unter anderem einen Silberschatz und ein riesiges Freilufttheater. Der Eintritt kostet 8 Fr. und mit der Basel Guest Card 4 Fr. Es ist täglich von 10 bis 17 Uhr geöffnet.
Am letzten Wochenende im August findet dort jeweils das größte Römerfest der Schweiz statt (www.roemerfest.ch/).

Ernähre Dich von frischen Lebensmitteln

Auf dem Marktplatz in Basel findet von Di bis Sa (7 – 14 Uhr) ein Freiluftmarkt statt. Man findet Leckereien aus der Region und der ganzen Welt oder könnte einen schönen Blumenstrauß kaufen. Das rote Ratshausgebäude (Marktplatz 9) ist ein weiterer Architektur-Höhepunkt.

Wo du in Basel übernachten solltest

Das **Nomad Design & Lifestyle Hotel** (http://www.nomad.ch/) befindet sich 5 Gehminuten vom Bahnhof, zentral gelegen zu allen Sehenswürdigkeiten. Bereits beim Empfang hat man die Chance, ein Zimmerupgrade oder andere Goodies zu gewinnen und durch die freundlichen Mitarbeiter fühlt man sich sofort zu Hause. Die Einrichtung ist nicht nur stylisch und nachhaltig, sondern auch bequem, was müden Stadttouristen oder Businessgästen einen fabelhaften Schlaf ermöglicht. Mit unserer Zimmerkategorie hatten wir Zugang zum Library Club, wo es tolle Bücher zum Lesen gibt und gratis Snacks und Getränke, dass man sich wie ein VIP fühlt. Zudem verfügt das Nomad über einen Fitnessraum mit Sauna. Man hat also alles, was man braucht, auch wenn wegen Corona sonst gerade mal wieder alles geschlossen ist. Definitiv ein Hotel, das mit der Zeit geht und die Bedürfnisse der Gäste beachtet.

Das dazugehörige Restaurant *Eatery* kann ich auch sehr empfehlen. Die Tajine war lecker und authentisch und auch das Frühstücksbuffet ließ keine Wünsche übrig.

St. Gallen

Diese Stadt in der Ostschweiz ist bekannt für die gute Wirtschaftsuniversität und die beste Bratwurst der Schweiz. Sie ist so gut, dass es sozusagen ein Verbrechen ist, wenn man die Wurst in Senf dippt. In dieses Fettnäpfchen möchtest Du nicht treten. Traditionell wird die Bratwurst mit einem knusperigen Brötchen, genannt *Bürli*, gegessen. Nebst diesem kulinarischen Highlight bietet St. Gallen grüne Oasen, um sich zu erholen und kulturelle Schätze, wie das Textilmuseum und die Stiftsbibliothek.

Anfahrt nach St. Gallen

St. Gallen erreicht man ab Zürich in 1 h 13 Minuten mit dem Zug. Nach Rorschach gelangt man in ca. 16 Minuten, Romanshorn in 27 Minuten, Konstanz (Deutschland) 34 Minuten oder 1 h, je nach Zug. Chur erreicht man ab St. Gallen einmal stündlich in 1 h 23 Minuten. Die Fashion Outlets befinden sich auch auf dieser Zugstrecke. Einfach eine Haltestelle früher in Landquart aussteigen. Nach Appenzell kommt man in 38 Minuten.

Was man in St. Gallen unternehmen sollte

St. Gallen ist klein, aber fein und das Gute daran ist, dass man alle Sehenswürdigkeiten zu Fuß abklappern kann.

Bestaune die Erker

Spaziere durch die Altstadt (z. B. Spisergasse) und drehe den Kopf nach oben, um die schönen Hausfassaden und Erker zu entdecken. Erker sind kleine, vorstehende Holzbalkone, welche typisch sind für St. Gallen. Falls Du Dich wunderst, warum Du auf dem Weg an einem Platz vorbeikommst, welcher ganz in roter Farbe überzogen ist, hast Du Kunst im öffentlichen Raum gefunden. Falls Du nun neugierig bist, er befindet sich hinter der Raiffeisen Bank.

Besuche die Kathedrale und die Stiftsbibliothek

Wenn man eine Kirche von innen gesehen haben muss, dann das Kloster St. Gallen. Die Deckenmalereien sind unglaublich detailliert und auch sonst ist die Kirche reich verziert. Insider Tipp: Wenn Du genau genug im Bild des großen Deckengewölbes suchst, wirst Du entdecken, dass einige Bildelemente in 3D hervorstehen.

Neben der Kathedrale befindet sich die berühmte Stiftsbibliothek (Adresse: Klosterhof 6D), welche an sich ein zauberhafter Raum ist und zudem uralte, handgeschriebene Bücher und eine Mumie enthält. Mit dem Museumspass und dem Swiss Travel Pass ist die Stiftsbibliothek gratis zugänglich.
Die Wiese vor dem Kloster lädt bei Sonnenschein zum Verweilen ein oder man kann in der Chocolaterie am Klosterplatz eine sehr leckere heiße Schokolade trinken. Die Chocolaterie

befindet sich zudem in einem hübschen blau-weißen Riegelhaus.

Entspanne Dich an den Drei Weihern

Hinter der Kathedrale gelangst Du über die Kopfsteinpflasterstraße zum Mühlegg-Bähnchen. Entweder fährst Du in zwei Minuten mit dem Bähnchen hoch oder erklimmst den Hügel über den Wanderweg, der hinter dem Eingang des Mühlegg-Bähnchens vorbeiführt. Die Schlucht und die alten Häuser darin sind durchaus sehenswert. Oben angekommen gehst Du nach links und folgst den Wegweisern in Richtung Drei Weihern. Leider beinhaltet dies eine weitere Treppe und einen kurzen, steilen Weg, bis man oben angekommen ist. Vom Höhenweg aus hast Du einen fantastischen Blick über die Stadt, bis an den Bodensee. Entweder kühlst Du Dich mit einem Schwumm im ersten Weiher ab, genießt einfach die Sonnenstrahlen oder Du begibst Dich auf den ca. 40-minütigen Rundweg, um alle drei Weiher herum. Hier oben ist mein Lieblingsort in St. Gallen und diese Aussicht sollte man nicht verpassen. Man kann auch direkt vom Bahnhof mit dem Bus Nr. 6 nach *Bach St. Georgen* zur Haltestelle Mühlegg fahren. Dann sind es nur 3 Minuten zu Fuß, bis man auf dem Höhenweg ist.

Tagesausflüge ab St. Gallen

Rund um St. Gallen gibt es viel zu entdecken.

Appenzell und Äscher

Komme alten Traditionen auf die Spur in Appenzell und wandere zu einem berühmten Instagram-Spot.
In knapp 40 Minuten kommst Du von St. Gallen (Gleis 11, welches links versetzt ist zum Hauptbahnhof) nach Appenzell. Appenzell ist ein traditionelles Dorf inmitten grüner Weiden und umgeben vom Alpsteinmassiv. Hier scheint die Zeit stehengeblieben zu sein. Die Häuser sind immer noch alle im traditionellen Stil mit hübsch bemalten Fassaden und in den vielen Souvenirshops gibt es allerhand typische Schweizerartikel zu kaufen.

Die Appenzeller leben ihre Traditionen auch heute noch aus. So ziehen sie an speziellen Anlässen ihre Trachten an und es wird gejodelt. Am letzten Sonntag im April findet jeweils die Landsgemeinde statt. Dann versammeln sich alle Stimmberechtigten auf dem Dorfplatz und stimmen per Hand heben über aktuelle Themen ab.

Typische Spezialitäten aus der Region wären ein Plättchen mit Trocken-fleisch und Käse (Achtung, Appenzellerkäse ist sehr rezent) oder Siedwurst mit Rösti.

Nach einer Stärkung nimmst Du (in der Wandersaison zwischen Mai und September) den Zug nach Wasserauen (11 Minuten). Entweder fährst Du mit der Gondelbahn hoch in die Ebenalp (11 Fr. mit dem Swiss Travel Pass) oder Du wanderst in ca. 1.5 Stunden hoch zum Seealpsee. Der Wanderweg beginnt auf der anderen Seite des großen Parkplatzes (also noch etwas weiter ins Tal hinein). Der Weg ist steil und führt zuerst durch einen Wald, aber oben angekommen ist der Blick auf die umliegenden Berggipfel wunderbar. Rechts am See vorbei (Du kannst auch den 30-minütigen Rundweg um den See herum anhängen) liegt die Abzweigung hoch zum Gasthaus **Äscher** (ca. 1 h). Dies ist eine Berghütte, welche perfekt in die Felswand gebaut wurde. Achtung, dieses Wegstück ist nicht überall gut gesichert und es stürzen leider immer wieder Wanderer ab. Achte daher gut auf jeden Tritt.

Dort könnte man sich ein großes Glas Rivella gönnen oder gleich weiter hochsteigen. Der Pfad führt entlang der Felswand und ermöglicht atemberaubende Ausblicke über das Tal.
Man erreicht das **Wildkirchli** (eine Kapelle in einer Höhle). Noch etwas weiter geht man

dann tatsächlich in eine Höhle hinein und durchquert diese in ca. 4 Minuten. Man erwartet fast, dass einem Zwerge begegnen. Oben ist man froh, wieder an der Wärme und im Tageslicht angekommen zu sein. Entweder gehst Du 15 weitere Minuten hoch, um zur Bergstation der **Ebenalp** zu kommen und fährst dann wieder runter. Falls Du direkt mit der Bahn hochgefahren bist, kannst Du die ganze Wanderung (www.wegwandern.ch/ listing/appenzell-wildkirchli-wanderungen-wandern-seealpsee-ebenalp) also auch von oben nach unten machen. Allerdings geht das in die Knie und aufwärts wäre gesünder.

Falls Du immer noch Energie hast, folgst Du den Wegweisern von der Ebenalp runter nach Weissbad. Dort bist Du auf dem Hinweg schon mit dem Zug vorbeigekommen und kannst nun also erschöpft wieder in den Zug nach Appenzell und St. Gallen steigen.

Dies ist eine unterhaltsame Wanderung, welche viel bietet. Allerdings braucht man eine gewisse Fitness und ein gutes Schuhwerk. Es ist machbar in Sportturnschuhen, aber Wanderschuhe wären sicherer und besser für Deine Gelenke.

Tobe Dich im Säntispark aus

Der Säntispark ist ein Wasserpark in Abtwil (20 Minuten mit dem Bus Nr. 3 oder 4 ab St. Gallen Bahnhof). Dort hat es ein Shoppingcenter, eine Indoorminigolfanlage, eine Badmintonhalle und eben, einen Wasserpark. Dieser beinhaltet ein Wellenbad, mehrere adrenalintreibende Rutschbahnen, ein Solebad (Salzwasser) und einen sehr schönen Saunabereich. Die verschiedenen Preise können online nachgeschaut werden (www.saentispark-freizeit.ch)

Tipp: Am Sonntag kann man zwischen 8 und 10.30 Uhr übrigens im Migros Restaurant für 20 Fr. pro Person brunchen. Dies ist ein extrem gutes Preis-Leistungsverhältnis. Falls Ihr bis jetzt nur selbst gekocht habt und gerne ein gutes Frühstück mit Speck, Ei, Müsli, verschiedenen Broten, Zopf, Kaffee, Fruchtsaft, Suppe, Kuchen, u. v. m. hättet, wäre dies die Gelegenheit dazu.

Lande im Schokoladentraum

Auch die Ostschweiz hat natürlich ihre eigenen Schokoladenmarken – Munz und Minor. Hergestellt werden diese von der Schokoladenfabrik **Maestrani**

Schweizer Schokoladen AG. Diese gibt es schon seit 1852. Die moderne Erlebniswelt **Chocolarium** (www. chocolarium.ch/anreise-info) wurde jedoch erst 2017 eröffnet. Auf einem interaktiven Rundgang kann man Schokolade degustieren und lernt, warum Schokolade glücklich macht. Im Café gibt es natürlich auch eine leckere heiße Schokolade zum Trinken. Wem das noch nicht genug Schokolade ist, kann auf dem Rundgang seine eigene Schokoladentafel gießen und verzieren. Das lässt die Herzen von Klein und Groß höher schlagen.

Mit dem Museumspass oder dem Swiss Travel Pass ist der Eintritt gratis. Ansonsten kostet der Rundgang 14 Fr. pro Erwachsener.

Nebst dem tollen Museum kann man im Chocolarium auch an Gießkursen teilnehmen (www.chocolarium.ch) . Wir durften einen tollen Polteranlass erleben, an welchem wir einen Schokoladen-High Heel gossen und dekorierten. Mit einem Prosecco und viel Schokolade war die Stimmung von Anfang an absolut gelungen und die entstandenen High Heels sind eigentlich zu schön zum Essen.

Zum Chocolarium kommst Du, indem Du mit dem Zug nach *Flawil* fährst (10 Minuten ab St. Gallen) und mit dem Postauto direkt vor die Fabrik reist oder indem du ab Flawil 40 Minuten zu Fuß dem Schokoladenweg folgst.

Luzern

In Luzern findet man die meistfotografierte Sehenswürdigkeit der Schweiz; die Kapellbrücke. Die über 600-jährige Holzbrücke strahlt auch heute noch einen Charme und eine Anziehungskraft aus. Auch sonst ist die Lage von Luzern am Vierwaldstättersee, umgeben von einem imposanten Bergpanorama einfach traumhaft. Ja, hier ist man wirklich in der Schweiz angekommen, wie man sie sich vorstellt.

Anfahrt nach Luzern

Von Zürich kommst Du mit dem Schnellzug in 45 Minuten

nach Luzern. Ab Basel und Bern dauert die Reise knapp über eine Stunde. Von Bellinzona ist man in 1 h 39 min in Luzern und ab Interlaken dauert die Reise 1 h 51 min.

Was man in und um Luzern unternehmen sollte

Luzern ist ein relativ kleines Städtchen und man muss nicht weit gehen, um zu den Sehenswürdigkeiten zu kommen. Wer lieber gar nicht geht, kann auch eine Rundfahrt mit dem *City Train* (www.citytrain.ch/home) machen. Dabei erhält man noch allerhand nützliche Infos zu den Sehenswürdigkeiten.

Spaziere über die Kapellbrücke

Von der Unterführung im Bahnhof folgst Du einfach den Schildern in Richtung Altstadt. Bereits bei der ersten Brücke hast Du eine tolle Sicht auf die hölzerne Sehenswürdigkeit mit dem Wasserturm. Jetzt bleibt nur die Frage, von links oder von rechts darüber laufen? Egal, Hauptsache, Du lässt Dir Zeit und betrachtest auch die handgemalten Bilder unter dem Dach der Brücke.

Am 18. August 1993 brannte übrigens ein Großteil der Brücke ab. Nur der Wasserturm und die beiden Enden blieben bestehen. Die beliebte Brücke wurde innerhalb von 8 Monaten wieder verbunden.

Fotografiere das Löwendenkmal

Auch die Steinfigur des sterbenden Löwen ist ein berühmtes Fotosujet. Er hat nichts mit

einheimischen Tieren zu tun, sondern ist ein Denkmal für die gefallenen Männer der Schweizergardisten in Paris. Die 1000 Männer versuchten 1792 den französischen König XVI zu beschützen, als die Revolutionäre den Palast stürmten.

Feiere im KKL (Kultur- und Kongresszentrum)

Seit 2002 steht am rechten Ausgang des Bahnhofsgebäudes das KKL, ein architektonisches Meisterwerk, sowohl von innen als auch von außen. Schieße ein Foto mit dem See im Hintergrund oder lass Dich von der guten Klangqualität bei einem Konzert berieseln. Auch das Kunstmuseum Luzern befindet sich im KKL.

Spaziere auf der Museggmauer

Die ehemalige Stadtbefestigungsmauer ziert auch heute noch das Bild von Luzern und lädt zu einem unterhaltsamen Spaziergang von Turm zu Turm über die Burgzinne ein. Das Ganze ist auch noch kostenlos. Begehbar ist die Mauer von 8 bis 19 Uhr von April bis und mit Oktober. Der Weg zur Mauer ist beschildert, aber falls Du Dich von Google Maps leiten lässt, gib *Schirmerturm* als Zielort ein. Dort ist ein Zugang zur Mauer. Ansonsten wirst Du zum Wachturm geleitet, wo es keinen Durchgang hat, und Du musst umkehren. Vom Nölliturm auf der anderen Seite kann man der

Reuss entlang dann wieder zurück ins Zentrum laufen.

Bummle ums Rathaus

Das historische Rathaus liegt mit bestem Blick auf die Kapellbrücke. Jeweils dienstags und samstags findet von 6 bis 13 Uhr am Rathausquai der Wochenmarkt statt und besonders dann ist es ein Besuch wert.

Besuche das Verkehrshaus Schweiz

Das Verkehrshaus Schweiz (Lidostrasse 5) ist ein interaktives Museum über Kommunikation, Medien und Mobilität. Zudem hat es ein Planetarium. Die Ausstellung ist riesig und vielfältig. Man kann gut einen ganzen Tag im Museum verbringen. Mit dem Swiss Travel Pass und dem Museumspass erhält man 50 % Ermäßigung auf den Tageseintritt (www.verkehrshaus.ch).
Das Verkehrshaus hat 365 Tage im Jahr von 10 bis 18 Uhr geöffnet. Man kann aus dem Zentrum von Luzern in 10 Minuten mit dem Schiff oder mit dem Bus 6, 8 oder 24 und der S3 hinfahren.

Der beste Ort für den Sonnenuntergang

Im Sommer ist der beliebteste Ort für den Sonnenuntergang der „Inseli"-Park. Bringe eine Picknickdecke und etwas zu Trinken.

Lerne über Gletscher

Im Gletschergarten (Denkmalstrasse 4, www.gletschergarten.ch) können kleine und große Geologen über die für die Erde wichtigen Gletscher lernen. Vieles ist zum Anfassen. Zudem hat es einen Aussichtsturm und ein Spiegellabyrinth. Eintritt ist gratis mit dem Museumspass. Ansonsten kosten Erwachsene 22 Fr. und Kinder 12 Fr.

Tagesausflug auf über 3000 m – fahre auf den Berg TITLIS

In nur 45 Minuten mit dem Zug gelangst Du nach Engelberg, welches am Fuße des 3238 m hohen Titlis liegt. In 7 Minuten spazierst Du vom Bahnhof zur Talstation oder Du nimmst den gratis Shuttle-Bus. Der Spazierweg ist jedoch lohnens-wert, denn man kommt an der Weitsprungschanze vorbei, welche sowohl im Sommer als auch im Winter imposant aussieht. Zudem ist der Blick auf die umliegenden Berge traumhaft.

Ausflugsideen auf dem TITLIS

Nebst dem Skifahren im Winter bietet der TITLIS auch viel, wenn die Wiese grün ist. Fahre mit der Gondel hoch zur Mittelstation Trübsee. Zwischen hier und der Talstation gibt es mehrere tolle Wanderungen (www.titlis.ch/).

Wir entscheiden uns für den *Schmuggler und Säumer Erlebnisweg* um den See herum. In 5 Minuten erreichen wir den leuchtend blauen Bergsee und sind sowohl vom Anblick als auch von den Attraktionen begeistert. Man kann sich ein Ruderboot ausleihen und es wird gebeten, dass man 10 Fr. pro Stunde in die Kasse steckt. Die Sicherheitsregeln stehen auf einem Schild und die Benützung ist auf eigene Verantwortung. Wir müssen etwa 10 Minuten warten, bis ein Boot zurück ist und wir an der Reihe sind, aber es ist toll, wie einfach das alles funktioniert! Das Rudern macht Spaß und wir erkunden kleine Buchten und genießen wiederum das Bergpanorama. Hier unten sind Leute am Baden, auf den Bergspitzen liegt Schnee und wir atmen glücklich die reine Luft ein.

Zurück beim Steg beginnen wir den Spaziergang rund um den See. Die reine Gehzeit ist etwa 45 Minuten, aber unterwegs laden viele gut eingerichtete Grillstellen zum Verweilen ein. Nicht nur das, es hat auch überall fabelhafte Abenteuerspielplätze und man möchte am liebsten nochmals Kind sein. Mit Kindern könnte man also die Aufgaben entlang des Schmuggler und Säumer Weges lösen oder einfach sonst einen Tag auf den Spielplätzen oder mit Baden verbringen.

Auf dem Spaziergang haben wir uns gut an die Höhe gewöhnt und fahren mit der Gondelbahn weiter nach oben. Dort steigt man um auf die Drehgondelbahn *Rotair*, welche mit dem roten Schweizerkreuz auf der Unterseite in einem schönen Kontrast zum verschneiten Berg steht. Es ist unsere erste Fahrt mit einer Drehgondelbahn und wir fanden die Umrundung perfekt geplant, dass man während der Fahrt auf alles einen guten Blick erhaschen kann.

Auf dem Gipfel angekommen beginnt der Spaß erst richtig. Beim Ausgang der Gondel

befindet sich der Zugang zur Eisgrotte, einem 150 m langen, vereisten Gang. Auch im Sommer herrschen hier -1.5 Grad und Du solltest Dich auf dem Titlis definitiv immer warm einpacken. Am anderen Ende des Tunnels gehst Du weiter zum TITLIS Cliffwalk – der höchsten Hängebrücke Europas. Sowohl die Eisgrotte als auch die Hängebrücke sind kostenlos. Du brauchst nur Mut, um über die mehr als 100 m lange und 1 m breite Brücke zu gehen. Unter Dir geht es 500 m in den Abgrund.

Wem das zu viel Adrenalin ist, kann die verschneiten Bergspitzen auch einfach von der Terrasse im 5. Stock der Bergstation genießen oder sich auf den anderen Stöcken im Restaurant verpflegen. Wer sich mehr Bewegung auf 3000 m wünscht kann in 40 Minuten die Wanderung zur Stotzig Egg machen. Im Winter führt ein Teil des Wanderwegs über die Skipiste. Skifahren kann man am Titlis natürlich auch.

Mit dem GA oder Swiss Travel Pass erhältst Du 50 % auf die Gondelbahnen und der Preis für den hier beschriebenen Ausflug wäre dann 48 Fr. pro Erwachsener.

Übernachte im Hotel Bellevue Terminus in Engelberg

In Engelberg kann man gut eine Woche Skiurlaub machen oder mehrere Tage wandern gehen und es wäre schade, nur einen Tag in dieser Region zu verbringen. Wir über-nachteten im schönen Hotel Bellevue Terminus, welches von außen ehrwürdig aussieht und von innen sehr modern und stylish ist. Das Bett war bequem und das Frühstück köstlich und abwechslungsreich. Da wir direkt auf der Webseite des Hotels (www.bellevue-terminus.ch) gebucht haben, erhielten wir einen leckeren Welcome Drink im Restaurant

Yucatan nebenan. Dieses Restaurant kann ich auch sehr empfehlen. Die Gerichte sind lecker und hübsch angerichtet und nur schon der Besuch auf einen Drink würde sich lohnen.

Interlaken

Interlaken hat die schöne Lage zwischen dem Thunersee und dem Brienzersee, welche von den Berner Alpen umgeben sind. Somit ist Interlaken der ideale Ausgangspunkt für Wanderungen oder für eine Fahrt aufs Jungfraujoch.

Anreise nach Interlaken

Von Bern bist Du in 52 Minuten in Interlaken. Von Basel und Zürich kommst Du via Bern in knapp über 2 Stunden nach Interlaken. Ab Luzern dauert die Reise 1 h 52 min.

Was Du ab Interlaken unternehmen solltest

Ob Wasser- oder Bergliebhaber, hier ist für beide etwas zu haben.

Begib Dich auf Wasserfallentdeckungstour entlang des Brienzersees

Fahre mit dem Zug von Interlaken Ost nach Brienz (25 min). Die Fahrt ist entlang des funkelnden Sees und somit sehr hübsch. Von Brienz nimmst du je nach Verbindung den Bus 155 nach **Giessbach Hotel** (11 min). Diese Verbindung gibt es allerdings nur wenige Male am Tag. Falls du sie verpasst, kannst du

auch in 1.5h entlang des Sees zu den *Giessbachfällen* spazieren. Du startest beim Schiffsteg nach links und die ersten 45 Minuten sind traumhaft, da man direkt am Wasser entlang geht und gut zwischendurch eine Badepause einlegen könnte. Die restlichen 45 Minuten gehen jedoch bergauf, entlang der Hauptstrasse und sind daher nicht mehr so einladend.

Beim Hotel angekommen bestaunst Du als erstes das hübsche Gebäude und die schöne Aussicht. Du kannst den Wasserfall von oben nach unten erkunden.

Wenn ihr genug habt vom rauschenden Wasser, folgt ihr den Wegweisern nach Iseltwald. Der schöne Spaziergang führt durch den Wald und entlang des Sees. Iseltwald ist auch ein fotogener Ort.

Falls noch Zeit ist, kannst du am Ufer entspannen. Danach nimmst du das Schiff von Iseltwald zurück nach Interlaken. Es kommt gleich hinter dem Bahnhof Ost an.

Vom Schiff aus hat der See noch intensivere Farben. Falls das Schiff jedoch keine Option ist für Dich, kannst du ab dem Dorfplatz auch in 22 Minuten mit dem Bus 103 zurück nach Interlaken fahren. Du hast den Brienzersee nun einmal umrundet.

Nimm den Zug auf das Jungfraujoch

Nebst dem Matterhorn ist dies die wohl berühmteste Bergspitze in der Schweiz und auch als *Top of Europe* bekannt (www.jungfrau.ch/en-gb/top-of-europe-pass). Mit dem Top of Europe Pass könntest Du während drei Tagen alle Bergbahnen in dieser Region benutzen (die Hin- und Rückfahrt auf das Jungfraujoch ist allerdings einmalig). Mit dem GA/Halbtax/Swiss Travel Pass kostet der Dreitagespass 179 Fr. Die günstigste Variante, um auf das Jungfraujoch und zurückzukommen, ist mit dem *Good Morning Ticket* im Sommer (ab 85 Fr.

mit dem Swiss Travel Pass /Halbtax). Da musst Du nur die Zeit korrekt einplanen, da Du die Fahrt zwischen *Kleine Scheidegg* und Jungfraujoch nur um 8 Uhr und 8.30 Uhr machen kannst und spätestens um 13.13 Uhr wieder ins Tal fahren musst.

Auf die Kleine Scheidegg kommst Du, wenn Du von Interlaken mit dem Zug nach Grindelwald fährst und dort auf die Zahnradbahn umsteigst. Die gesamte Fahrtzeit ist 1 h 12 min. Die Anreise ist auch über Lauterbrunnen möglich. Dort nimmst Du die Zahnradbahn via Wengen hoch auf die Kleine Scheidegg. Du könntest also z. B. über Grindelwald anreisen und über Lauterbrunnen zurückreisen. 1 Kilometer vom Bahnhof Lauterbrunnen entfernt befinden sich die Trümmelbachfälle. Dies sind die größten, unterirdischen Wasserfälle Europas und definitiv auch ein Besuch wert. Sie sind von April bis November von 9 bis 17 Uhr zugänglich. Der Parkplatz vor den Fällen ist gratis, aber der Eintritt für Erwachsene kostet 14 Fr.

Wengen mag Dir auch ein Begriff sein, denn dort findet im Winter das berühmte Lauberhorn Skirennen statt.

Ab der Station Kleine Scheidegg geht es mit der Jungfraubahn hoch auf 3454 m. Dies ist speziell, da es keine Gondelbahn ist, sondern ein Zug, der durch die verschneite Berglandschaft kurvt. Eine atemberaubende Bahnfahrt. Dies aus zweierlei Gründen, denn auch die Höhe raubt einem ganz schön den Atem. So könnte es durchaus sein, dass Dir auf dem Jungrauchjoch oben etwas schwindelig ist oder Du Kopfschmerzen kriegst. Versuche, ruhig weiterzuatmen. Es wird alles gut, sobald Du wieder ins Tal fährst. Um Dich schon vorher an die Höhe zu gewöhnen, könntest Du in den Tagen davor einige Wanderungen auf 2000 m und höher machen.

Falls die Jungfraubahn voll ist, nimmst Du den nächsten Zug oder Du reservierst Dir online einen Sitzplatz für 10 Fr.

An der Station Eismeer hält der Zug 5 Minuten und man kann durch das Fenster ein Instagram-taugliches Foto vom beeindruckenden Panorama schießen.

Oben angekommen, hast Du hoffentlich eine warme Jacke dabei, da die Durchschnittstemperatur unter null liegt. Es hat verschiedene Attraktionen auf dem Jungfraujoch, z. B. ein kleines Lindt

Schokoladenmuseum, einige Shops, einen Eispalast und eine Ausstellung über die Berge. Falls Du lieber nach draußen möchtest, fährst Du mit dem Lift hoch auf das **Sphinx-Observatorium** oder machst einen **50-minütigen Spaziergang** über den durch Pistenfahrzeuge präparierten Schneepfad zur **Mönchsjochhütte**, dem höchsten Restaurant der Schweiz.

Vollgetankt mit schönen Eindrücken und euphorischen Glückshormonen, nimmst Du später den Zug wieder zurück zur Kleinen Scheidegg und fährst über Grindelwald oder Lauterbrunnen zurück nach Interlaken.
Auch wenn es etwas kostspielig ist, dieses Bergpanorama möchte man auf einer Schweizreise nicht verpassen.

Bern

In Bern ist der Sitz des Parlaments und somit ist es die Hauptstadt der Schweiz. Trotzdem fühlt es sich eher an wie ein kleiner Ort am Rande der Natur, da man von vielen Plätzen eine schöne Aussicht auf die grüne Aare (Fluss) hat. Zudem hat auch Berns Zentrum eine große Anzahl hübsche, historische Häuser und mitunter eine der längsten, gedeckten Shoppingarkaden Europas (6 km).

Anfahrt nach Bern

Bern ist mit dem Zug eine Stunde von Zürich entfernt, eine Stunde von Basel, 1 h 10 min von Lausanne, 1 h oder 1 h 30 min von Luzern, 25 Minuten von Fribourg, 1 h 50 min von Genf, 52 Minuten von Interlaken und 2 h 17 min von Zermatt.

Was man in Bern unternehmen sollte

Egal was für ein Typ Mensch Du bist, Bern ist so vielfältig, dass es für jeden etwas zu bieten hat. Übrigens, falls Du Dich wunderst, warum manche Straßenschilder orange sind und holländisch klingen, ist das ein Überbleibsel von der Fußball-EM 2008, als ein oranges Meer Hollandfans Bern regelrecht überschwemmte und wir uns von ihrer sympathischen Feierlaune anstecken ließen.

Lass Dich in der Aare treiben

Die Aare ist wunderschön anzusehen. Darin zu schwimmen ist auch ein großer Spaß, allerdings nur, wenn man ein guter Schwimmer ist und die Gefahren eines öffentlichen Gewässers einschätzen kann. Es ist kein Aquapark mit Bademeister und das Schwimmen liegt in der eigenen Verantwortung. Jedes Jahr ertrinken leider einige Leute in der Aare. Gefahren sind z. B., dass das Wasser meistens sehr kalt ist (18 Grad oder weniger) und die Leute daher Krämpfe kriegen. Des Weiteren hat es zwischendurch Strudel, die einen nach unten ziehen können. Glücklicherweise ist die Aare nicht tief, man sollte sich

daher bis an den Grund ziehen lassen und sich dann vom Boden abstoßen, falls man nicht automatisch wieder aus dem Strudel rauskommt. Zu guter Letzt muss man noch die Warnschilder der Schleusen beachten und rechtzeitig ans Ufer schwimmen, wo man sich an einem Treppengeländer festhalten und dann aussteigen kann. Am besten beobachtet man zuerst eine Weile, wie es die anderen Leute machen, bis man sich dann selbst ins Wasser wagt. Mit diesen Sicherheitsvorschlägen wollte ich Dir keine Angst machen. Ich liebe es, in der Aare zu schwimmen und würde es jedem empfehlen, der gerne schwimmt. Allerdings gehört auch ein gewisser Respekt dazu, denn jedes Jahr ertrinken unerfahrene Flussschwimmer.

Meiner Meinung nach der beste Ort, um in der Aare zu schwimmen, ist vom **Marzili Freibad** aufwärts. Man spaziert 30 Minuten dem Ufer entlang Richtung *Eichholz Campingplatz.* Zwischendurch kann man irgendwo in die Aare steigen oder von einer kleinen Brücke springen (pass auf die Leute auf, die bereits unten vorbeifließen) und sich zum Marzili zurücktreiben lassen. An einem schönen Sommertag ist das die reinste Völkerwanderung.

Wer nicht im Fluss baden will, findet im Marzili mehrere beaufsichtigte Schwimmbecken, eine schöne Liegewiese, einen Spielplatz und ein leckeres Takeaway Restaurant. Das tolle ist, dass in Bern **alle** Freibäder gratis sind und jeder davon profitieren kann (vielen Dank an die Steuerzahler).

Genieße die Aussicht vom Berner Münster

Das Berner Münster hat den höchsten Kirchturm der Schweiz. Seine 312 Stufen kann man erklimmen und von oben einen sagenhaften Ausblick über Bern und die Aareschlaufe genießen. Beachte die Öffnungszeiten der Kirche und des Kirchturms (www.bernermuenster.ch/de/berner-muenster/infos-kontakt/oeffnungszeiten.php), welche je nach Jahreszeit und Tag variieren. Täglich ist der Turm jedoch von 12 Uhr bis 15.30 Uhr geöffnet und der Eintritt kostet 5 Fr. In die Kirche hineinzugehen ist kostenlos und es lohnt sich, die kunstvollen Verzierungen anzuschauen.

Wer lieber auf dem Boden bleibt, kann sich auf der **Münsterplattform** vor der Kirche verweilen. Es ist ein schöner Park, von wo aus man auch eine gute Aussicht über die Aare und das Mattenquartier hat und der prunkvolle Pavillon an der Ecke des Parks ist ein einladendes Café.

Sei pünktlich am Zytglogge Turm

Die Altstadt von Bern gehört mit den schönen Gebäuden zum U-NESCO Weltkulturerbe. Auch in Bern hat es viele dekorative, historische Brunnen und die meisten sind mit Trinkwasser betrieben.
Ein Höhepunkt in der Altstadt ist der Zytglogge Uhrenturm. Kurz vor jeder vollen Stunde beginnt dort ein Spektakel aus tanzenden Figuren und Musik, welches Alt und Jung gefällt. Was entdeckst Du alles rund um das Zifferblatt?

Lass Dich vom Bundeshaus beeindrucken

Das Bundeshaus, in welchem unser Parlament seine Sitzungen abhält, ist sowohl von außen als auch von innen beeindruckend. Auf dem Bundesplatz vor dem prunkvollen Gebäude finden regelmäßig Veranstaltungen wie Märkte oder im Dezember eine gratis Kunsteisbahn statt. Zudem spritzen 7 m hohe Fontänen aus dem Boden, in welchen kleine (und manchmal auch größere) Kinder am

Spielen sind. Wenn Du die Fontänen zählst, weißt Du, wie viele Kantone es in der Schweiz hat.

Das Bundeshaus führt kostenlose Führungen durch, wenn gerade keine Sitzung aktiv ist. Dies ist sicherlich ein lohnenswertes Erlebnis. Die Führungen finden in verschiedenen Sprachen statt. Man sollte sich vorher online einen Platz reservieren und die Sicherheitsvorschriften durchlesen (www.parlment.ch/de/ services/ besuch-im-bundeshaus/fuehrungen-durchs-bundeshaus).

Schau den Bären beim Spielen zu

Entlang der Aare findet man eines der bekanntesten Wahrzeichen von Bern; die Bärenanlage. Wenn sie nicht gerade im Winterschlaf sind, kann man die drei Bären beim Herumtollen beobachten. Man kann aus der Innenstadt in 15 Minuten zu Fuß zum **BärenPark** gehen oder mit dem Bus

Nr. 12 in Richtung Paul Klee bei der Haltestelle BärenPark aussteigen. Die Anlage ist täglich geöffnet und kostenlos zugänglich. Von da könnte man Flussaufwärts entlang der Aare spazieren, um dann beim schönen Restaurant **Schwellenmätteli** anzukommen, welches sich inmitten auf dem Wasser auf einer Flussschwelle befindet.
Wenn man noch weiter geht, kommt man zum Marzili Freibad, wo es übrigens auch eine

Gelateria di Berna hat (und zu Urlaubsstimmung gehört auch ein leckeres Eis, oder?).

Wer nach den Bären noch nicht genug von Tieren hat, kann auch mit dem Bus Nr. 19 in Richtung Elfenau zum **Tierpark Dälhölzli** fahren. Rund die Hälfte des Tierparks ist kostenlos zugänglich und lädt zu einem Waldspaziergang entlang der Aare ein. Der Teil mit den exotischeren Tieren kostet 10 Fr.

Gehe in ein Kunstmuseum

Allein schon der wellenförmige Bau des Stararchitekten Renzo Piano ist ein Besuch wert. Aber auch die Ausstellung im *Zentrum Paul Klee* mit der größten Sammlung des Künstlers lässt das Herz von Kunstbegeisterten höher schlagen. Der Eintritt kostet 20 Fr. und ein Kombiticket mit dem Kunstmuseum Bern ist 32 Fr.
Das Zentrum Paul Klee ist Dienstag bis Sonntag von 10 bis 17 Uhr geöffnet und mit dem Bus Nr. 12 erreichbar. Danach folgt ein ca. 10-minütiger Spaziergang.

Wer lieber über Geschichte lernt, anstatt über Kunst, sollte das **Haus von Albert Einstein** (Kramgasse 49, (www.einstein-bern.ch) besuchen. Dieser lebte dort nämlich zwischen 1903 und 1905 und entwickelte die Relativitätstheorie. Der Eintritt in sein Haus kostet 7 Fr. (5 Fr. mit dem Swiss Travel Pass) und das Museum ist täglich von 13 – 17 Uhr geöffnet.

Schlendere durch einen Garten

Der *Botanische Garten der Universität Bern* ist kostenlos zugänglich und täglich von 8 bis 17 Uhr geöffnet. Es hat zudem sechs Gewächshäuser mit Pflanzen aus unterschiedlichen Klimazonen.
Auch der *Berner Rosengarten* (Laubeggstrasse 1) ist kostenlos zugänglich und bietet tolle Fotomöglichkeiten mit Aussicht über die Stadt. Im Frühling, wenn die Kirschbäume blühen, ist der Garten speziell schön.

Mache einen Orientierungslauf

Dies ist ein kostenloses Angebot, um die Stadt und Umgebung kennenzulernen. Er kann sportlich als Lauf zurückgelegt werden oder auch gemütlich als Spaziergang. Man kann den Orientierungslauf mit der App oder einfach auf Papier absolvieren. Auf der Webseite swiss-o-finder (www.swiss-o-finder.ch/info/) findest Du mehr Informationen. Solche Orientierungsläufe hat es auch in St. Gallen, Aargau, Graubünden, Schwyz und Basel-Land.

Grillen auf dem Gurten

Typisch schweizerisch ist es, von Frühling bis Herbst irgendwo an einer schönen Feuerstelle eine Wurst oder Grillgemüse zu grillen und mit der Familie oder Freunden zu genießen. In Bern eignet sich dazu der Hausberg Gurten gut. Man erreicht die Talstation der Bergbahn mit der Tram Nr. 9 in 15 Minuten ab dem Hauptbahnhof. Du kannst in einer Stunde auf den 858 m hohen „Gipfel" spazieren oder mit der Gurtenbahn hochfahren, welche im Swiss Travel Pass/GA inbegriffen ist. Ansonsten kostet eine Fahrt 6 Fr. bzw. 3 Fr. mit Halbtax.

Auf dem Gurten hat es einen unterhaltsamen Spielplatz, eine Rodelbahn und einen Mountainbike Trail.

Einmaliges Erlebnis: Der Zibele-märit

Am vierten Montag im November findet jeweils der Zwiebelmarkt statt, an welchem von 5.30 Uhr bis 8 Uhr morgens schöne Zwiebelgestecke verkauft werden und man zum Aufwärmen einen Glühwein trinkt. Ja, Du hast richtig gelesen, es findet so früh am Morgen statt. Für den Rest des Tages liefert man sich im Stadtzentrum eine Konfettischlacht. Leute aus der ganzen Schweiz und auch Europa reisen für diesen Anlass nach Bern, aber falls es nicht so Deine Sache ist, solltest Du Bern an diesem Tag meiden.

Ausflüge ab Bern

Rund um Bern ist man schnell in der schönen Natur. Hier sind einige Ausflugsvorschläge.

Wie wär's mit Schweizer Käse?

Den typischen Schweizer Käse stellt man sich gelb und mit Löchern vor. Dem am nächsten kommt der *Emmentaler*. Offensichtlich gibt es in der Schweiz noch hunderte andere Käsesorten und über den Geschmack des Emmentalers lässt es sich streiten, aber eine Fahrt ins grüne Emmental mit Besuch in der Schaukäserei lohnt sich trotzdem. Die Fahrt mit dem Zug zur *Emmentaler-Schaukäserei* (www.emmentaler-schaukaeserei.ch) (Schaukäsereistrasse 6, 3416 Affoltern im Emmental) dauert ab Bern ungefähr eine Stunde. Die Führung mit Degustation nennt sich Königsweg und kostet 16 Fr. Täglich gibt es einen Workshop, bei welchem man seinen eigenen Frischkäse herstellen kann.

Thun und eine Fahrt mit dem Schlauchboot

Auch Thun ist eine hübsche Altstadt umgeben von Wasser (Aare und Thunersee) vor einem massiven Alpenpanorama. Mit dem Zug erreicht man Thun ab Bern in 20 Minuten. Nach einem kurzen Stadtspaziergang oder einem Spaziergang entlang des Seeufers kann man sein Gummiboot nehmen und sich in 3 Stunden auf der Aare zurück nach Bern treiben lassen. Dies ist vor allem bei warmem Sommerwetter empfehlenswert und macht Spaß. Zwischendurch ist es aufregend, weil man über kleine Flussschwellen wackelt (dort besser nicht rausfallen) oder

man kann zur Abkühlung ins Wasser hüpfen. Kopfbedeckung, Sonnenschutz und etwas zum Trinken nicht vergessen. Wer kein Gummiboot und keine Paddel im Gepäck hat, kann diese z. B. bei *Aarebootsvermietung.ch* mieten.
Schluss ist spätestens bei der Brücke vor dem Marzili in Bern.

Amüsiere Dich in der Grimselwelt und mache einen Ausflug in die Aareschlucht

Die Grimselwelt (www.grimselwelt.ch/) ist ein Wander- und Abenteuergebiet im Berner Oberland, wo man gut einige mit Spaß oder Erholung vollgepackte Tage verbringen könnte. Dazu übernachtet man am besten in einer Unterkunft vor Ort (z. B. Hotel Handeck). Wenn Du von Bern oder Luzern kommst, wäre der folgende Ausflug mit dem ÖV wahrscheinlich ein zu dichtes Programm für einen Tag.

Fahre mit dem Postauto zur Talstation der *Gelmerbahn* (Haltestelle Handegg, Gelmerbahn), welche gleich gegenüber des Hotels Handeck liegt. Die Gelmerbahn ist mit 106 % die steilste offene Standseilbahn in

Europa und definitiv ein tolles Erlebnis.

Eine Retourfahrt kostet 36 Fr. Das Spezielle ist, dass man die Fahrten mit der **Gelmerbahn** reservieren muss. Oft ist sie ausgebucht und deshalb ist es gut, wenn man sie frühzeitig reserviert*. Die steile Fahrt ist perfekt für Adrenalinjunkies, da man einen sagenhaften Blick ins Tal und auf die umliegenden Berge hat. 5 Minuten von der Bergstation entfernt, erreicht man den wunderschön, milchigblauen **Gelmersee**. Wer es gemütlich mag, kann über die Staumauer gehen und wer gerne etwas wandern (und zwischendurch über schmale Stellen klettern) möchte, kann in 1.5 Stunden um den See herum wandern. Wir liefen danach weitere 2 Stunden zurück zur Talstation der Gelmerbahn. Allerdings macht der Wanderweg einen großen Bogen, ist ziemlich steil und nicht der schönste Weg, auf dem ich je war. Deswegen würde ich empfehlen, die Bahnfahrt frühzeitig zu buchen und beide Wege zu fahren. (*www.besucherdienst. kwo.ch/grimselwelt)

Danach nimmst Du das Postauto nach *Meiringen* (30 min). Beachte, dass das Postauto nur ca. alle 1.5 Stunden fährt. Von dort spazierst Du in 20 Minuten zur Standseilbahn, welche zu den Reichenbachfällen hinauffährt. Die Fahrt mit dem historischen Bähnchen an sich ist lohnenswert, aber der Anblick des Reichenbachfalls ist das Tüpfchen auf dem i. In einer Stunde könntest Du auch zu Fuß hochwandern. Dabei kommst Du an der Stelle vorbei, wo Sherlock Holmes und sein Erzrivale Moriarty in den Wasserfall gestürzt sind.

Nach der Besichtigung des Wasserfalls wanderst Du via Zwirgi, Schwendi und Willigen zum Westeingang der **Aareschlucht** (1h 30 min). Diese Schlucht, in welcher die Aare blauer leuchtet als an jedem anderen Ort, ist ein weiteres Highlight in dieser Region. Du spazierst nun von West nach Ost durch die verwinkelte Aareschlucht. Der Kontrast von der grauen Felswand und dem hellblauen Fluss ist ein wunderschönes Farbspiel. Vom Osteingang kehrst Du zurück nach Meiringen. Die Fahrt mit der Bahn ist im Ticket inbegriffen, aber vielleicht möchtest Du ja auf dem Rückweg nochmals durch die Schlucht spazieren. Ein Kombiticket für die Reichenbachfallbahn und die Aareschlucht kostet 18 Fr. Der Eintritt in die Schlucht alleine beträgt 10 Fr. (www.aareschlucht.ch)

Umrunde den Grand Canyon der Schweiz

Ein fantastischer Naturschauplatz in der Schweiz ist der **Creux Du Van** im Val de Travers. Fahre dazu mit dem Zug in 1 h 11 min von Bern via Neuchâtel nach *Noiraigue*. Hier befindet man sich auf gleicher Ebene wie der Talboden und man muss also erst die 772 Höhenmeter zur Felskante hinaufwandern. Die erste Stunde läufst Du über eine leichte Ansteigung in Richtung *Les Oeillons*. Danach beginnt der richtige Anstieg durch den Wald bis zum höchsten Punkt bei der *Alphütte Le Soliat*. Auch schon vorher gibt es gute Ausblicke über den Talkessel und die Felswand. Nun läufst Du dem „Kraterrand" entlang in Richtung *La Grand Vy*. Dort beginnt der Abstieg via *Pré au Favre* und *La Ferme Robert* zurück nach *Noiraigue*. Die Wanderung dauert ca. 4.5 Stunden. Auf dem Rückweg könntest Du auch einen Halt in Neuchâtel

machen und das Städtchen besichtigen. Falls Du das Gepäck hier am Bahnhof eingestellt hast, könntest Du nun, anstatt nach Bern zurückzukehren auch weiter nach Lausanne oder Genf fahren.

Zermatt

Das touristische, aber hübsche Dorf liegt am Fuße einer der berühmtesten Berge der Welt; dem Matterhorn. Sogar die Zacken der Toblerone-Schokolade wurden dem Umriss des Matterhorns nachempfunden.
Der höchste Berg der Schweiz ist übrigens die Dufourspitze mit 4634 m.
Im Sommer laden Zermatt und die umliegenden Berge zum Wandern ein und im Winter ist es ein Skiparadies mit über 360 Pistenkilometern – dies alles mit dem beruhigend wirkenden Matterhorn im Hintergrund.

Anfahrt nach Zermatt

Ab Bern fährt man via Visp in knapp über zwei Stunden nach Zermatt. Ab Interlaken muss man in Spiez und Visp umsteigen und ist in 2 h 14 min in Zermatt. Auch aus der französischen Schweiz kann man nach Zermatt reisen. Von Montreux dauert die Fahrt via Visp 2 h 32 min.

Was Du in Zermatt unternehmen kannst

Eigentlich müsstest Du nichts unternehmen und könntest einfach von Deinem Hotel oder einem Café aus den Anblick des Matterhorns genießen. Der touristische Dorfkern mit den hübschen Holzhäusern lädt zum Flanieren ein. Ansonsten hast Du die Qual der Wahl von einer großen Anzahl möglicher Wanderungen (www.zermatt.ch/Media/Listen-Touren/Wandertouren). Unten habe ich nur einige davon ausgesucht. Auch Mehrtageswanderungen sind machbar.

Bergbahntickets kaufst Du am besten online und mindestens 5 Tage im Voraus. So erhältst Du einen Rabatt. Zudem gibt es 50% Rabatt für Besitzer eines GAs/Halbtax/Swiss Travel Pass: www.matterhornparadise.ch/de/Aktuell/Bergbahnen/Tickets-Tarife/Einzelfahrten.

Besuche die Gornerschlucht

Vom südlichen Dorfende ist es ein 20-minütiger Spaziergang zum Eingang der Gornerschlucht. Ein Besichtigungspfad führt für 15 Minuten in die Schlucht hinein und man sieht von Moos überwachsene Felsen und Wasserfälle. Der Eintritt kostet 5 Fr. und muss in bar bezahlt werden.

Rieche die verschiedenen Düfte im Ricola Kräutergarten

Auf dem Rückweg der Gornerschlucht könnte man im Dörfchen *Blatten* vorbeikommen und neben dem Bergrestaurant den Ricola Kräutergarten besuchen. Die Bonbons sind Dir sicherlich auch ein Begriff und nun siehst Du aus erster Hand, welche frischen Kräuter darin enthalten sind. Der Garten ist von Juni bis September frei zugänglich.

Wer es einfach will, aber alles sehen möchte

Fahre in 33 Minuten ab Zermatt mit der Gornergratbahn auf den Gornergrat. Oben kann man auf dem *360° Loop Gornergrat* Rundgang alle wichtigen Bergspitzen des umliegenden Bergpanoramas sehen. Mit dem GA/Halbtax/Swiss Travel Pass hast Du 50 % auf die Gornergratbahn und somit kostet eine Berg- und Talfahrt ca. 44 Fr.

Wanderung mit Spiegelreflex

(Für diese und die folgenden Wanderungen brauchst Du unbedingt geeignete Wanderschuhe.)

Auf dem 5-Seenweg spiegelt sich das Matterhorn in drei der fünf Seen. Überhaupt ist die gesamte Wanderung atemberaubend schön und abwechslungsreich.

Zuerst fährt man mit der *Sunnegga* Standseilbahn und der Gondel hoch nach *Blauherd* (mit dem GA 16.50 Fr.). Danach führt der Weg zum Stellisee, Grindjisee, Grünsee, Moosjisee und Leisee. Schließlich kommt man wieder bei der Sunnegga Station an. Der Weg ab der Bergstation Blauherd dauert ca. 2h 30 min und ist von Juni bis September zugänglich.

Beim Blauherd startet übrigens auch der *Blumenweg* (www.zermatt.ch/Media/Wanderungen-Touren-finden/Blumenweg-Nr.-3), auf welchem man Edelweiß und Enzian in freier Wildbahn sehen kann.

Trete in die Fußstapfen der Matterhornerstbesteiger

Von Juli bis August ist der Hörnliweg begehbar, welcher zur *Hörnlihütte*, dem Basiscamp für die Matterhornbesteigung führt. Mit dem Matterhorn Express fährst Du in 20 Minuten für 36 Fr. (Hin- und Rückfahrt mit dem GA/Halbtax) nach *Schwarzsee*. Dort beginnt die Wanderung zur Hörnlihütte, welche einen Aufstieg von 700 Höhenmetern

beinhaltet. Die Wanderung dauert ca. 2h 30 min. So dicht unter dem Matterhorn zu sein ist beeindruckend und der Berg scheint zum Greifen nah. Die Rückkehr dauert ca. 1 h 30 min.

Komme einem Gletscher in Reichweite

Auf dem Matterhorn Glacier Trail kommt man dem Gletscher so nah, dass man das Wasser aus ihm herausrinnen sieht. Der Weg ist von Juni bis September offen. Die Wanderung beginnt bei *Trockener Steg*, was man mit dem Matterhorn Express und einer Gondelbahn in 30 Minuten erreicht (25 Fr. mit Halbtax/GA). Die Wanderung dauert ca. 2 Stunden und beinhaltet 23 Informationstafeln zum Gletscher und Gebirge. Der Höhepunkt ist

natürlich, so nahe am Gletscher zu sein, aber auch die Spiegelung des Matterhorns im Theodulgletscher See solltest Du unbedingt in Deine Erinnerung einbrennen. Der Schlusspunkt ist in *Schwarzsee*, wo Du mit der Bahn wieder nach Zermatt zurückfahren kannst.

Überquere die längste Hängebrücke der Welt

Wow, mit 494 m Länge sieht man nicht einmal das andere Ende der Hängebrücke und läuft einfach mal auf die Mitte der Schlucht hinaus. Die Überquerung der *Charles Kuonen Hängebrücke* ist kostenlos und definitiv die Wanderung wert.
Von Mai bis Oktober ist diese Wanderung möglich. Der Rundweg beginnt und endet in

Randa. Die Zugfahrt nach Randa dauert 15 Minuten und ist im Swiss Travel Pass enthalten.

Achtung, die Wanderung ist anspruchsvoll, da sie sowohl 980 m Aufstieg als auch 980 m Abstieg enthält. Die Wanderung dauert ca. 4 Stunden und führt von Randa nach Hauspil, zur Hängebrücke, dann weiter zur Europahütte. Daraufhin folgt der Abstieg über Gere zurück nach Randa.

Lerne im Matterhorn Museum mehr über den Berg

Das Matterhorn Museum befindet sich am Kirchplatz. Es ist täglich von 15 bis 18 Uhr geöffnet. Mit dem Museumspass/Swiss Travel Pass kommst Du gratis hinein. Erfahre mehr über die Erstbesteigung und schau Dir das gerissene Seil mit eigenen Augen an.

Wo du in Zermatt übernachten solltest

Wie bei Mama, aber mit mehr Style

Das 4-Sterne Design& Lifestyle-**Hotel Zermama** (www.zermama.cc/) begrüßte uns sehr herzlich und wir erhielten viele gute Tipps für unseren Aufenthalt im Hotel und in Zermatt. Die natürlichen Braun- und Grüntöne kreierten mit gezielten Farbtupfern durch rot gemusterte Kissen oder Sessel ein stimmiges Bild. Zudem erstrahlte eine automatische, sanfte Bodenbeleuchtung, wenn man in Bettnähe umherspaziert. Vorbei ist das Tasten nach dem Lichtschalter und der Partner kann ungestört weiterschlummern. Beeindruckt hat mich nicht nur das tolle Design des Hotels, sondern auch die vielen Extras im Zimmer. Den leckeren Tee und Kaffee genossen wir auf unserem Balkon mit Matterhornblick. Dabei kuschelte ich mich in den warmen Kunstpelzmantel, welchen Gäste im Schrank vorfinden. Meine vom Wandern beanspruchten Beinmuskeln lockerte ich mit der Faszienrolle auf der Yogamatte. Dazu gab es sogar professionelle Videoanleitungen im Zimmerfernseher. Sogar das Fondue könnte man auf dem Balkon essen oder man setzt sich runter in die Bar und löscht den Durst bei einem Bier. Im ebenso einladenden Bistro gibt es morgens ein leckeres Frühstück mit allen Schweizer Delikatessen plus Hummus, Oliven und Chia Pudding. Das Hotel liegt gleich gegenüber der Sunnegga Talstation und 5 Minuten Fußweg vom Bahnhof Zermatt. Natürlich muss man bei Mama aber das Gepäck nicht schleppen und man wird kostenlos mit dem Elektrotaxi vom Hotel am Bahnhof abgeholt oder zurückgefahren.

Entspannung pur im Hotel National

Der Spa-Bereich im Hotel National Zermatt (https://nationalzermatt.ch/) bietet alles, was der Körper nach dem Wandern oder Skifahren braucht. Der großzügige Pool bietet verschiedenste Massagedüsen und eine Gegenstromanlage zum Schwimmen. Die Wassertemperatur war sowohl zum Entspannen als auch zum Schwimmen angenehm und wer heiße Temperaturen mag, lehnt sich im kleinen Sprudelbecken zurück. Für Kinder gibt's ein separates Plantschbecken und eine Kiste mit Wasserspielzeug und Schwimmhilfen. Bequeme Polsterliegen befinden sich neben dem Schwimmbecken oder im Yogaraum und eine Auswahl an Hochglanzmagazinen liegt für den Lesegenuss bereit. Wer noch nicht ausgepowert ist, springt im Fitnessraum aufs Laufband, das Fahrrad oder den Crosstrainer. Im unteren Stock befindet sich der „Adults Only"-Bereich, mit einer finnischen Sauna, Dampfsauna und einer Bio Heusauna. Die Regenwaldduschen sind wunderbar und abkühlen kann man sich im eiskalten Tauchbecken.

Das Zimmer ist geräumig, mit zwei Sesseln und einem Balkon mit Matterhornblick, geschmückt mit Geranien. Modern, aber schlicht beruhigt das Design in grün-braun-Tönen. Wir wurden mit einem Früchteteller begrüßt und zudem hatte es eine Kaffeemaschine und Ronnefeldt Leaf-Cup Tees. Produkte von L'Occitane im Bad ermöglichen ein ganzheitliches Wohlfühlerlebnis. Das Frühstücksbüffet bietet eine große Auswahl an frischen Früchten, Flocken und Gebäck. Eierspeisen oder Pancakes werden auf Wunsch an den Tisch gebracht. Das Hotel National liegt sechs Minuten zu Fuß vom Bahnhof und eine Minute von der Sunnegga Talstation. Natürlich dürfen sich Gäste wie Könige fühlen und werden kostenlos vom Hotelelektrotaxi zum Bahnhof gebracht oder abgeholt.

Fahre mit dem Glacier Express nach St. Moritz

Der Glacier Express (www.shop.glacierexpress.ch/gex_en/specials/daytrips/glacier-express) fährt auf einer spektakulären Zugstrecke mit über 200 Brücken und über 60 Tunnels in knapp acht Stunden von Zermatt nach St. Moritz oder umgekehrt. Der Zug mit den großen

Glasfenstern schlängelt sich durch die atemberaubende Bergwelt, vorbei an Bergseen und über das berühmte Landwasserviadukt. Der Swiss Travel Pass, Interrail Pass, GA und Halbtax sind auf der ganzen Strecke gültig. Der Swiss Travel Pass, Interrail Pass, GA und Halbtax sind auf der ganzen Strecke gültig. Allerdings braucht es eine obligatorische Sitzreservation für 49 Fr und man muss früh buchen, um einen Sitz zu erhalten.

Es gibt eine bis zwei Abfahrten am Morgen (zwischen 8.30 und 10 Uhr) und Du kommst am späten Nachmittag an.

Natürlich kannst Du auch nur eine Teilstrecke fahren und z. B. in Chur aussteigen.

Fribourg

Fribourg ist vielleicht nicht die erste Station auf einer Schweizreise, aber die schöne, große, mittelalterliche Altstadt ist auch ein Besuch wert. Den Kirchturm der gotischen Kathedrale kann man natürlich besteigen und das gemeinsame Museum von Tinguely und Niki de Saint Phalle unterhält Jung und Alt.

Anfahrt nach Fribourg

Von Lausanne dauert die Zugfahrt 44 bis 50 Minuten und von Bern ca. 25 Minuten.

Was man in und um Fribourg unternehmen sollte

Besteige den Kirchturm

Nach 375 Treppenstufen erreichst Du die 74 m hohe Turm-
spitze der St. Nicholas Kathedrale (Rue des Chanoines 3). Die
Aussicht über die Stadt ist wunderbar, vor allem, weil die Kathedrale durch die umliegenden
Täler und Brücken noch viel höher wirkt. Der Eintritt zum Turm
beträgt 5 Fr.

Spiele eine Runde Urban Golf

Um die Stadt Fribourg kennenzulernen, hat sich das Tourismusbüro etwas Spezielles aus-
gedacht. Es gibt einen 9 oder 18-
lochigen Minigolfkurs, welcher
quer durch die Stadt verteilt ist.
Für den ganzen Rundkurs
braucht man 2 bis 4 Stunden.
Die Ausrüstung kostet pro Person 12 Fr. (gratis mit der Fribourg City Card) und kann im
Tourismusbüro abgeholt werden (Fribourg Tourisme et
Région, Place Jean-Tinguely 1).
Am Sonntag ist das Büro geschlossen, dann kann man den
Schläger und den Ball bei Fri-
bowling (Rue St-Pierre 6) abho-
len.

Amüsiere Dich mit Kunst

Im Espace Jean Tinguely - Niki de
Saint Phalle (Rue de Morat 2)
findest Du Stücke dieser beiden

Künstler. Saint Phalles Kunst ist farbig und liebenswürdig und Tinguelys Stücke sind bewegend und interaktiv. Das Museum ist von Mittwoch bis Sonntag von 11 – 18 Uhr geöffnet und kostet 7 Fr. Mit dem Museumspass ist es gratis.

Spaziere um den Schwarzsee und lass Dich von einem Wasserfall überraschen

Fahre mit dem Bus Nr. 123 (vom unterirdischen Busbahnhof am Bahnhof Fribourg) in 53 Minuten nach *Schwarzsee, Gypsera*. Dort beginnt der schöne Seerundweg. Reine Laufzeit ist nur 1 h 15 Minuten, aber entlang des Weges hat es Grillstellen, Spielplätze und Badewiesen. Die Landschaft mit den grünen Bergen rund um den schimmernden See ist traumhaft. Es lohnt sich, auf der anderen Seeseite die 10-minütige Abzweigung zum 30 m hohen Wasserfall zu nehmen (vom Campingplatz den Seeweid Weg nehmen). Nichts deutet darauf hin, dass sich im Wald ein Wasserfall versteckt, und man hört ihn auch erst, wenn man sehr nahe ist.

Nach der Wanderung oder dem Badespaß nimmt man den Bus zurück nach Fribourg.

Iss die besten Burger

Im **Café Populaire** gibt es die besten Burger der Schweiz (meiner Meinung nach zumindest). Zudem sind die Preise für die Burger und die Getränke sehr fair.

Lausanne

Lausanne ist ein Ort, wo man sich sogar als Einheimischer wie im Urlaub fühlt. Dieses Gefühl entsteht vor allem wegen der perfekten Lage an einem Schräghang am Genfersee, mit Blick auf Weinberge und die verschneiten Alpen. In Lausanne hat es zudem heimelige Kneipen und Cafés mit mehr Charme als in anderen Städten und gute Museen (z. B. das interaktive Olympische Museum).

In Lausanne wird Französisch gesprochen, aber man hört auch viele andere Sprachen, da sowohl die Universität als auch die EPFL Studenten aus der ganzen Welt anziehen.

Wie man nach Lausanne kommt

Zumindest bei der Anreise nach Lausanne, solltest Du schauen, dass Du via Fribourg fährst. Dann kommst Du nämlich in den Genuss der schönsten Zugstrecke der Schweiz. Sitze auf der linken Seite in Fahrtrichtung und sobald man aus dem Tunnel herauskommt, öffnet sich einem ein Anblick über die Weinberge von Lavaux und den Genfersee mit den Alpen im Hintergrund. Man sagt, dieser Anblick sei so umwerfend, dass manche Leute gleich ihre Rückfahrkarte zerreißen. Die Fahrt von Bern nach Lausanne dauert 1 h 6 min

und von Fribourg sind es noch 44 Minuten.

Nach Montreux gelangt man in knapp 30 Minuten. Auch Montreux ist ein schöner Ort am Genfersee. Dort befindet sich ein Denkmal für Freddie Mercury und im Winter findet ein hübscher Weihnachtsmarkt statt.

Von Lausanne nach Genf dauert die Fahrt ca. 40 Minuten.

Was Du in Lausanne unternehmen solltest

Lausanne wird Deine Wadenmuskeln trainieren, da man durch die Lage an einem Schräghang, das tägliche Bergsteigen gleich in den Alltag mitintegriert. Hier sind einige Vorschläge, die Du in der Stadt unbedingt anschauen solltest.

Flaniere am Genfersee (Lac Leman) entlang

Der See, der wie eine Zitronenscheibe geformt ist, hat in Lausanne den schönsten Uferabschnitt, da man einen fantastischen Ausblick auf die französischen Alpen hat.
Ab dem Bahnhof oder vom Stadtzentrum kannst Du mit der Metro direkt nach Ouchy fahren (ausgesprochen: uschi). Hier befindet sich ein kleiner Bootshafen und der Schiffssteg für Fahrten nach *Evian* in Frankreich. Zudem hat es einen tollen Spielplatz und schöne Parks. Wer hungrig ist, sollte ein Mövenpick Eis probieren.

Zu Fuß geht es nach rechts zu den Badestränden und öffentlichen Parks mit Grillstellen. Hier ließe es sich gut einige Tage relaxen.

Nach links geht es zum *Olympischen Museum* (Quai d'Ouchy 1, https://www.olympic.org/museum). Mit dem Museumspass / Swiss Travel Pass ist der Eintritt gratis, sonst 20 Fr. Falls Du Dich für olympische Sportarten und Gewinner interessierst, ist dies ein sehr gut gemachtes Museum. Schließlich befindet sich der Hauptsitz des Olympischen Komitees ja in Lausanne. Vor dem Museum hat es einen hübschen, frei zugänglichen Skulpturenpark. Dort kann man zudem die olympischen Ringe und das ewige Feuer bestaunen. Zu bestimmten Zeiten erklingt die olympische Hymne.

Gehe auf Entdeckungstour im historischen Stadtzentrum

Entweder nimmst Du die Metro vom Bahnhof hoch nach *Lausanne-Flon* oder Du begibst Dich auf den steilen Weg in Richtung *Place de L'Europe*. Unterwegs siehst Du bereits niedliche Crêperien und Brasserien. Manchmal kann man sogar draußen auf kleinen Terrassen speisen. Beim Place de L'Europe finden immer wieder Veranstaltungen statt und unter der Brücke hat es in den Viaduktbögen Kneipen. Links von hier befindet sich der modernste Stadtteil von Lausanne (Flon). Hier ist es gut zum Shoppen und am Abend zum Feiern. Allerdings haben auch die vielen älteren Lokale im historischen Stadtzentrum ihren Reiz. Wir begeben uns daher nach rechts und spazieren in Richtung *Place de La Louve*. Rechts kann man beim Rathaus durch einen hübschen Durchgang gehen. Mittwochs und samstags finden hier in den Gassen und auf dem *Place de la Riponne* ein toller Wochenmarkt statt. Die Museen am Place de la Riponne sind auch imposante Gebäude.
Rechts am Place de la Riponne nimmst Du die Treppe hoch zur Kathedrale. Auf der Zwischenplattform der Treppe befindet sich eine schöne Terrasse und meine Lieblingsbar der Schweiz – *The Great Escape*.

Von der Kathedrale könnte man dann wieder zurück ins Zentrum kehren, indem man die historische, überdeckte Treppe nach unten geht (*Éscaliers Du Marché*). Definitiv ein hübsches Fotosujet. Das oberste Restaurant ist mein Lieblingscafé (Le Barbare) mit einer sehr leckeren heißen Schokolade. Die Lage ist perfekt und das Gebäude sehr heimelig.

Fühl Dich zu Hause in The Great Escape Bar

Die Kneipe hat irisches Flair, aber es werden köstliche Biere und Getränke aus der ganzen Welt serviert. Im Dezember hängen sie in der Regel einen großen Mistelzweig in der Mitte der Bar auf. Wenn es im Sommer zu heiß ist, kannst Du auch draußen sitzen, wo die Lichterketten, welche die Bäume schmücken, der Atmosphäre eine nette Note verleihen. Zudem kann man leckere Salate, Pub-Food oder asiatische Kleinigkeiten essen. The Great Escape liegt auf halbem Weg der

Treppe zwischen dem Place de la Riponne und der Kathedrale.

Genieße die Aussicht vom La Tour Du Sauvabelin

Dies ist ein Holzturm hoch über der Stadt Lausanne. Der Eintritt ist kostenlos, aber den Aufstieg nach oben muss man sich selbst erschaffen. Der Blick auf die Stadt und den See an einem klaren Tag ist unbezahlbar.

Du erreichst La Tour de Sauvabelin, indem Du den Bus #16 bis zur Haltestelle *Signal* nimmst (6 Minuten).

Nach der Turmbesteigung kann man gut zurück in die Stadt spazieren. Es geht ja alles abwärts. Nach ca. 10 Minuten gelangt man zu einem kleinen Kunstmuseum namens *Fondation de l'Hermitage*. Es gibt ein schönes Café und einen Park mit tollen Bäumen.

Tagesausflüge ab Lausanne

In dieser Region gäbe es noch ganz viel zu unternehmen. Zum Beispiel einen Spaziergang durch die Weinberge von Lavaux oder ein Bad im Thermalbad von Yverdon les Bains oder einen Stadtrundgang in Neuchâtel. Die folgenden zwei Touren bieten jedoch etwas Einzigartiges und sind deshalb besonders empfehlenswert.

Degustiere Käse und Schokolade

Heute besuchst Du das historische Städtchen Gruyères und dessen Käsefabrik. Fahre dazu mit dem Zug in 10 Minuten von Lausanne nach *Palézieux*. Dort steigst Du um in einen Zug nach *Bulle*. Die Fahrzeit beträgt 40 Minuten und man fährt durch grüne Landschaften. In Bulle steigst Du in den Zug nach Gruyères (8 Minuten Fahrt). Insgesamt dauert die Reise 1 h 15 min. Die Käsefabrik befindet sich gleich neben dem Bahnhof (*La Maison Du Gruyère*, Place de la Gare 3, www.lamaison dugruyere.ch/visits-discoveries/interactive-exhibition/). Das Museum und der Shop sind täglich von 9 bis 18 Uhr geöffnet. Im

Restaurant gibt es unter andrem auch leckere Fondues. Geschmäcker sind natürlich verschieden. Mir persönlich schmeckt Gruyère viel besser als Appenzeller oder Emmentaler. Überzeuge Dich selbst auf dem 30 -45-minütigen Rundgang durch die Ausstellung mit anschließender Degustation. Der Eintritt ist gratis mit dem Museumspass. Ansonsten kostet der Rundgang 7 Fr.

Danach könntest Du in Gruyères noch das *HR Giger Museum* (www.hrgigermuseum.com/) besuchen oder einfach in der Bar mit der Alien-artigen Kunst etwas trinken. Überhaupt lohnt es sich, im mittelalterlichen Städtchen herumzuflanieren. Falls Du am Nachmittag lieber aktiv sein möchtest, anstatt weiter nach Broc in die Schoko-ladenfabrik von Cailler zu fahren, könntest Du auf den *Moléson* wandern.

Diese Wanderung ist relativ steil und dauert ca. 4 Stunden. Von oben könntest Du dann wieder mit der Bergbahn nach Moléson-sur-Gruyères hinunter fahren.

Wenn Du Lust auf Schokolade hast (äh, natürlich!), spazierst Du entweder die 7 km von Gruyères über den Spazierweg zurück nach Bulle oder fährst die Strecke mit dem Zug, von wo Du die S-Bahn nach *Broc, Fabrique* nimmst (11 Minuten Fahrt). Dort befindet sich das *Maison Cailler* (Rue Jules Bellet 7, www.cailler.ch/en/maison-cailler). Auch hier hat es einen interaktiven Rundgang, auf welchem man über Schokolade

lernt und am Schluss gibt es eine leckere Degustation. Der Eintritt ist 15 Fr., aber gratis mit dem Museumspass.
Auch die Trinkschokoladen im Café schmecken sehr gut.

In 1 h 15 min fährst Du über Bulle und Palézieux zurück nach Lausanne.

Gönne Dir die Fahrt mit dem Goldenpass Express

Die Goldenpass-Linie gehört auch zu den schönsten Zugstrecken der Schweiz. Hier fährt man nicht unbedingt zu einem bestimmten Ankunftsort, sondern die Fahrt ist das Ziel.

Aus meiner Sicht hat es zwei lohnenswerte Optionen: den Schokoladenzug und den Belle Epoque Zug. Beide Fahrten starten ab Montreux (ein Katzensprung von Lausanne) und die Innenausstattung der Züge ist nicht alltäglich.

Fahrt mit dem Schokoladenzug

Der Schokoladenzug (https:// mob.ch/de/goldenpass/offer) ist die bequeme Variante, um an einem Tag eine Käsefabrik (Gruyère) und eine Schoko-

ladenfabrik (Cailler) zu besuchen. Wer nicht gerne selbst organisiert hat hier ein spezielles Erlebnis, mit dem schönen, altmodischen Zug zu fahren und leckere Produkte zu degustieren. Mit dem Swiss Travel Pass/GA kostet der Ausflug 59 Fr.
Wie Du die Cailler Schokoladenfabrik und Gruyère auch auf eigene Faust besuchen kannst, hast Du oben ja schon erfahren.

Mit dem Panoramaexpress zum Glacier 3000

Mit dem Belle Epoque Zug (selbe Strecke wie der Golden Panorama Express, der Panorama Express hat einfach größere Fenster, wohingegen der Belle Epoque Zug historisch eingerichtet ist) fährst Du zwischen 7 und 8 Uhr von Montreux bis nach *Gstaad*. Dort wechselst Du auf das Postauto 180, welches Dich in 40 Minuten nach Col Du Pillon bringt. Dies ist die Talstation, um auf den Glacier 3000 zu kommen, welcher vor allem aus der Tissot Werbung mit der verschneiten Hängebrücke bekannt ist (www.glacier3000.ch/de/information/).
Eine Berg- und Talfahrt mit dem GA/Swiss Travel Pass/Halbtax kostet 43 Fr. Inbegriffen ist

dabei die Hängebrücke, ein Sessellift und der Schlittel-Fun Park. Wenn man genug hat von Eis und Schnee (besser auch warme Kleider bringen), nimmt man die Gondel zurück ins Tal, fährt mit dem Postauto zurück nach Gstaad und dann mit dem Golden Express zurück nach Montreux. In der Hochsaison wird eine Reservation empfohlen. Die Zugfahrt ist im Swiss Travel Pass inbegriffen.

Wer gerne Ski fährt, könnte in der Wintersaison einige Tage in Gstaad übernachten. In dieser Region stehen über 200 Pistenkilometer zur Auswahl.

Genf

Genf ist am äußersten Zipfel der Westschweiz. Hier wird Französisch gesprochen, aber die Einwohner würden es Dir übel nehmen, wenn Du sie als Franzosen betitelst.

Genf ist sowohl der Standort eines wichtigen internationalen Flughafens als auch der Ort des meist fotografierten Springbrunnens der Schweiz; dem Jet d'Eau.

Anfahrt nach Genf

Ab Lausanne ist man in ca. 40 Minuten in Genf. Von Bern dauert die Reise 1 h 44 min bis zu zwei Stunden, von Biel ist man in 1 h 30 min in Genf und von Basel in 2 h 45 min.

Vom Flughafen ist man mit dem Zug in 7 Minuten in der Innenstadt.

Was man in Genf unternehmen sollte

Wenn man vom Flug oder der Reise müde ist, könnte man auch einfach in einem Café oder am Seeufer relaxen. Allerdings wäre es schade, die folgenden Sehenswürdigkeiten oder wichtigen Gebäude zu verpassen.

Fühle Dich verbunden mit der Welt

Im beeindruckenden Gebäude des Völkerbundpalastes hausen heute die Vereinten Nationen (UNO). Dies ist nach New York die zweitgrößte Niederlassung der Welt. Finde die Flagge Deines Landes und denke über die Bedeutung des riesigen, dreibeinigen Stuhls nach, welcher auf dem *Place des Nations* steht.

Du kannst den Völkerbundpalast und die kunstvollen Säle auch auf einer 1-stündigen Tour besuchen. Diese sind jeweils schnell ausgebucht. Erkundige Dich online nach den momentanen Führungszeiten und kaufe Dein Ticket auf der Webseite: https://www.ungeneva.org/ee/practical-information/visitors. Vor der Tour muss man einen ca. 40-minütigen Security-Check machen. Du darfst keine großen Taschen hineinbringen und musst Deinen Pass oder eine ID dabeihaben.

Widmen wir uns dem Luxus

Jetzt haben wir viel über Schokolade und Natur gesprochen, aber die Schweiz ist doch auch berühmt für genaue und luxuriöse Uhren. In Genf kommen die Uhrenliebhaber voll zum Zuge. Hier befindet sich das *Patek Philippe Museum* (Rue des Vieux-Grenadiers 7). Es beinhaltet eine Kollektion von antiken Uhren, sowie die Kollektion von Patek Philippe Uhren. Der Eintritt ist 10 Fr. (gratis mit dem Museumspass) und es ist dienstags bis freitags von 14 bis 18 Uhr offen, samstags von 10 bis 18 Uhr.

Lass Dich vom Guten überzeugen

In Genf gründete Henry Dunant 1863 das Rote Kreuz. Diese internationale Organisation hat auf der Welt schon so viel Positives geschafft. Im Museum (Avenue de la Paix 17, www.redcrossmuseum.ch/) in Genf kannst Du über all die wichtigen und berührenden Taten erfahren.

Der Eintritt beträgt 15 Fr. und die Öffnungszeiten sind täglich von 10 bis 17 Uhr. Montags ist das Museum geschlossen.

Lerne über Physik

Das weltbekannte CERN mit dem Teilchenbeschleunigungsapparat befindet sich in Genf. Einige Orte sind frei zugänglich, unter anderem einige Ausstellungen, wo man über das Universum lernen kann (www.visit.cern/exhibitions). Zum CERN kommst Du mit der Tram 18 vom *Cornavin* Bahnhof in der Nähe des Hauptbahnhofs.

Fotografiere die berühmte Blumenuhr

Der *Jardin Anglais* am Seeufer lädt auf einen Spaziergang ein. Zudem findet man dort die *L'Horloge Fleurie*, eine riesige Uhr aus Blumen. Natürlich funktioniert sie und hat sogar den größten Sekundenzeiger der Welt.

Auch den Jet d'Eau hat man hier bereits im Blickfeld. Geht man näher zum Springbrunnen ran und folgt dem See in diese Richtung, kommt man zum Badestrand *Baby Plage*. Vielleicht ist er etwas überfüllt, aber trotzdem sehr hübsch.

Genieße das Dolce Vita

Im Stadtteil *Carouge* (z. B. von der Station Cornavin mit der Tram 18 nach *Carouge, Marché*) kannst Du unter farbigen Regenschirmen

tanzen, Künstler bei der Arbeit beobachten und in hübschen Kneipen einen Drink genießen. Man könnte fast meinen, man sei irgendwo in Südeuropa gelandet.

Bellinzona

Bellinzona ist die hübsche Hauptstadt des Kantons Tessin. Nun sind wir in der italienischen Schweiz angekommen. Hier wirkt das Leben etwas entschleunigt und nebst den grünen Hügeln und den drei mittelalterlichen Burgen zieren auch Palmen das Landschaftsbild.

Wie man nach Bellinzona kommt

Ab Luzern erreichst Du Bellinzona in ca. 1 h 40 min mit einmal Umsteigen. Ab Zürich gibt es Direktzüge in ca. 1 h 50 min. Von Lugano ist man in 30 Minuten in Bellinzona und von Locarno in 27 Minuten. Von Chiasso (Weiterreise nach Italien/Mailand) dauert die Anreise knapp eine Stunde. Ab St. Gallen fährt man via Arth-Goldau in knapp drei Stunden nach Bellinzona.

Der beliebte **Gotthard Panorama Express** fährt von Dienstag bis Sonntag von Mitte April bis Mitte Oktober die schöne Strecke zwischen **Arth Goldau** und **Lugano** mit dem Abschnitt durch den Gotthardtunnel. Ein Audioband informiert die Passagiere in verschiedenen Sprachen über die vorbeiziehenden Sehenswürdigkeiten und Geschichte der Umgebung. Der Panorama-Express fährt jeweils um 13.40 Uhr in Arth Goldau ab und kommt um 16.12 in Bellinzona an (oder 16.41 in Lugano). Diese Strecke ist mit dem Swiss Travel Pass oder GA gratis. Die Abfahrtszeiten in die entgegengesetzte Richtung können hier nachgeschaut werden: www.sbb.ch/en/leisure-holidays /travel-in-switzerland/panoramareisen/gotthard-panorama-express/timetable.html

Was Du in und um Bellinzona unternehmen solltest

An der Piazza Grande eine leckere Pizza essen oder in der *Gelateria Veneta* eines der besten Glaces zu schlecken; nebst den tollen Wanderungen, die man in Bellinzona machen kann, lässt es sich hier auch gut genießen.

Mache eine Burgenrundwanderung

In ca. 3 Stunden kann man auf dem Burgenrundweg alle drei Burgen besichtigen. Die leichte Wanderung beginnt am Bahnhof. Man überquert die Brücke, die in Fahrtrichtung nach Zürich liegt, um auf der oberen Seite des Bahnhofs anzukommen. Dann folgt man den Wegweisern zum Dorf *Artore*. Der Weg durch die engen Gässchen ist steil, aber auf halber Strecke zur ersten Burg (**Castello di Sasso Corbaro**) hat es einen gedeckten Brunnen mit Trinkwasser.

Vom kleinen Castello di Sasso Corbaro hat man einen schönen Ausblick über Bellinzona und das Castelgrande. Der Eintritt in die Burgen ist mit dem Museumspass gratis.

Danach geht es weiter zum etwas größeren **Castello di Montebello**. Dort kann man die Burgmauer und die Türme besteigen. Über die Burgzinne geht es dann zurück ins Stadtzentrum hinunter und man begibt sich zum **Castelgrande**. Beim Haupteingang der Burg kann man mit einem Lift auf die „Burgterrasse" hochfahren und die Aussicht genießen. Von der oberen Terrasse führt ein Weg über die Burgmauer und dann durch einen Tunnel zurück in die Stadt. Ob dies früher als Fluchtweg diente, oder zum Hineinschmuggeln von Wein, für uns

ist es auf alle Fälle heute noch ein Abenteuer.

Schlendere durch den Samstagsmarkt

Am Samstag findet in der Altstadt von Bellinzona von 7.30 Uhr bis 13 Uhr ein toller Bauernmarkt statt.

Verliebe Dich in das Verzasca Tal

Diese Wanderung vorbei an herzigen Steindörfern entlang des Flusses Verzasca ist meine Lieblingswanderung in der Schweiz und ich denke, Dir wird dieser abwechslungsreiche Spaziergang genauso gefallen.

Fahre dazu mit dem Zug in 20 Minuten nach Tenero und dort steigst Du auf das Postauto 321 um, mit welchem Du in 1 h durch das hübsche Verzasca Tal nach **Sonogno** fährst. Entlang der Straße fährst Du am berühmten Staudamm vorbei, welcher James Bond in GoldenEye heruntergesprungen ist. Auch Du könntest aus dem Postauto steigen und Dich im Bungeejumping versuchen.

Im herzigen Dörfchen Sonogno könntest Du gut auch eine Nacht verbringen, anstatt die ganze Tour von Bellinzona aus zu machen. Hier spielt sich übrigens ein Teil des Romans „Die Schwarzen Brüder" von Lisa Tetzner ab.

Für die Verpflegung unterwegs kannst Du entweder etwas mitnehmen, oder in ein Grotto einkehren. In Grottos gibt es keine Pizzas, aber andere Tessiner Spezialitäten wie Polenta (Maisbrei mit Käse).

Nun folgst Du dem Sentiero Verzasca zurück ins Tal. Der Weg führt über kleine Brücken und man hat immer wieder einen schönen Blick auf den hellblauen Fluss. Auch Kunstwerke aus natürlichen Materialien findet man entlang des Weges. Der Endpunkt der Wanderung ist **Lavertezzo**. Hier befindet sich die berühmte Römerbrücke mit den zwei Bogen. Diese Wanderung dauert ca. 3.5 Stunden und ist vor allem von Juli bis Anfang September gut, wenn die Sonne die Steine in Lavertezzo richtig aufwärmt und man ein Bad in der eisigen Verzasca wagen kann. Vorsicht, es ist immer noch ein Fluss mit einer starken Strömung.

Schaue daher gut, wo andere Leute ins Wasser gehen und wie Du wieder herauskommst.

Lavertezzo ist ein beliebter Ort, wo es normalerweise viele Badegäste aus dem In- und Ausland hat.

Natürlich könntest Du nun noch weiter bis nach Tenero spazieren. Allerdings ist der Wanderweg nun nicht mehr so schön, wie der obere Abschnitt und deshalb empfehle ich, mit dem Postauto von Lavertezzo nach Tenero zu fahren und von dort zurück nach Bellinzona oder weiter nach Locarno (20 min mit dem Bus oder 6 min mit dem Zug).

Locarno

Locarno ist die wärmste Stadt der Schweiz und ist mit 2300 Sonnenstunden im Jahr gesegnet. Dies und die leckeren Pizzas oder das leckere Eis alleine wären schon Grund genug, nach Locarno zu reisen.

Anreise nach Locarno

Ab Tenero bist Du mit dem Zug in 6 Minuten in Locarno oder in 20 Minuten mit dem Bus. Von Lugano kommst Du in 51 Minuten via Giubiasco nach Locarno und von Bellinzona in 27 Minuten.

Was Du in Locarno unternehmen solltest

Hier finden auf der berühmten Piazza Grande das Filmfestival

und die Moon and Stars Konzerte statt. Locarno bietet nebst der schönen Altstadt und den bunten Häusern entlang der Seepromenade auch viele Naturhighlights.

Flaniere entlang des Lago Maggiore

Hübsche Häuser, ein prächtiger Blick auf den See, grüne Berge und einen von Palmen gesäumten Weg, was braucht man mehr für einen angenehmen Spaziergang?

Falls man gerne eine Abwechslung hätte, kann man mit dem Bus in 30 Minuten nach **Ascona** fahren. Ascona ist bekannt für die schönste Seepromenade der Schweiz mit einem mediterranen Gefühl. Mit dem **Bagno Publico** in Ascona hat man zudem ein gratis Freibad im See mit Sandabschnitt.

Man kann aus dem Zentrum von Ascona den einen Kilometer zu Fuß zur Badi gehen oder mit dem Bus Nr. 5 fahren.

Erklimme die Madonna del Sasso Kirche

Dies ist wahrscheinlich die Kirche mit dem schönsten Hintergrund oder der besten Aussicht in der Schweiz. Vom Bahnhof

Locarno aus kann man entweder in 20 Minuten über steile Treppen durch sehr hübsche Gässchen zur Kirche hinauf wandern oder man nimmt das Seilbähnchen (Funicolare FLMS), welches jede halbe Stunde gegenüber dem Bahnhof losfährt.

Von der Kirche könnte man dann noch höher gehen, um nach ca. 15 Minuten bei der Talstation in Orselina anzukommen. Die Bergbahn führt entweder auf den Monte Bré oder zum Aussichtspunkt Cardada.

Schieße tolle Fotos von den Aussichtspunkten auf der Bergstation Cardada

Bei der Station Cardada hat es tolle Spielplätze, eine überdimensional große Sitzbank und wahnsinnig schöne Ausblicke über den Lago Maggiore. Ab Orselina kannst du direkt mit der Seilbahn hochfahren (hin und zurück mit dem GA/Swiss Travel Pass/Halbtax 14 Fr.). Nach Orselina kannst Du aus dem Zentrum von Locarno spazieren oder ab dem Bahnhof mit dem Bus (20 min) oder der Standseilbahn nach *Orselina, Stazione Funivia* fahren.

Wenn Du Dich aktiv betätigen möchtest, kannst Du, anstatt mit der Gondelbahn zu fahren, auch nach Cardada via den Monte Bré hochwandern (ca. 2 h). Ab Cardada kannst Du noch einen weiteren Gipfel erklimmen. Dazu nimmst Du entweder den Zweiersessellift (+4 Fr. auf das Gondelticket) direkt hoch nach Cimetta oder wanderst in ca. 1 h 20 min hoch.

Besuche einen Markt in Italien

Mittwochs findet von 9 bis 16.30 Uhr ein beliebter Markt mit Kleidern und Lebensmitteln in Luino (Italien) statt. Dieser zieht auch viele Gäste aus Locarno und Ascona an. Du wirst noch lange danach von den frischen Oliven und den großen Salamis träumen. Die Hin- und Rückfahrt kann ab Ascona oder Locarno mit dem Schiff gemacht werden. Die Abfahrtszeiten können hier nachgeschaut werden:

www.navigazionelaghi.it/
biglietti- e-orari-lago-maggiore/
Auch mit dem Zug kann man via
Cadenazzo nach Luino fahren (1
h 11 min). Diese Strecke ist im
Swiss Travel Pass enthalten. Beachte, dass Du hier nach Italien
fährst, und Deinen Aus-
weis/Pass dabeihaben musst.

Lugano

Bereits vom Bahnhof in Lugano
hat man eine gute Aussicht über
den Luganer See und den Kirchturm. Von hier sieht das Städtchen klein und überschaubar
aus, trotzdem ist Lugano der
wichtigste Wirtschaftsstandort
des Tessins. Zudem ist es ab
Lugano nur ein Katzensprung
nach Italien.

Anfahrt nach Lugano

Von Locarno dauert die Anfahrt
via Giubiasco ungefähr eine
Stunde. Von Bellinzona ist man
in 30 min in Lugano. Nach
Chiasso kommt man von Lugano
in ca. 25 Minuten. Man kann
auch direkt in knapp 1 h 20 min
von Lugano nach Mailand fahren. Somit könnte man auch
nach Mailand fliegen und dann
in die Schweiz
einreisen, falls dies günstiger ist,
als nach Zürich, Basel oder Genf
zu fliegen.

Was man in und um Lugano unternehmen sollte

Auch hier sollte man vom guten
Essen, einem Aperol Spritz und
der schönen Natur profitieren.
Anfang Juli findet in Lugano jeweils das Jazz-Festival statt.

Wandere vom San Salvatore ins Tal

Fahre zuerst von Lugano mit der
S10 nach Lugano-Paradiso. Von
dort sind es 5 Minuten zu Fuß
zur Talstation vom *Monte San
Salvatore*. Die Wanderung nach
oben (ca. 2 h) ist recht steil, deswegen würde ich empfehlen,
mit der Standseilbahn zu fahren
(11.50 Fr. mit dem GA, ein Weg).
Auf dem Gipfel hat man eine
wunderbare Rundumsicht über
die Tessiner Berge und den Lago
di Lugano.
Dann startet man die Wanderung zurück ins Tal via Carona

nach Morcote (ca. 3 h 35 min). Die Wanderung führt über einen Panoramaweg und vorbei am wunderschönen botanischen Garten *San Grato* in Carona. Kurz vor Morcote muss man noch ca. für 30 Minuten Treppen hinabsteigen, was ziemlich in die Knie geht. Aber die ganze Wanderung war es wert. Mit dem Postauto, Zug oder Schiff kann man zurück nach Lugano fahren.

Besichtige die Schweiz in Miniaturformat

In *Melide* (7 min mit dem Zug ab Lugano) befindet sich das Swissminiatur gleich neben dem Bahnhof. Falls es zeitlich nicht für eine Reise quer durch die Schweiz reicht, kann man hier alle Sehenswürdigkeiten im Kleinformat besuchen. Wenn man das Ticket online kauft, kostet der Eintritt 18.90 Fr. für Erwachsene und 12.60 Fr. für Kinder (www.swissminiatur.ch). Der Park hat von Ende März bis Anfang November täglich von 9 bis 18 Uhr geöffnet.

Kühle Dich mit einem Bad ab

Bei der sommerlichen Hitze ist ein Sprung in den See sehr verlockend. Einige Uferbereiche haben einen Zugang über eine Treppe, wo man sich kurz abkühlen kann. Wer lieber unter der Aufsicht eines Bademeisters schwimmt, kann dies im *Lido Lugano* (Eintritt 11 Fr.) tun. Dort hat es verschiedene Swimmingpools, Rutschbahnen, einen 10-Meter Sprungturm, ein Fußball- und ein Volleyballfeld, sowie einen Zugang in den See.

Schlendere durch die Arkaden

Auch die gedeckten Shoppingarkaden in der Innenstadt bieten etwas Schutz vor der Sonne. Bummle durch die Läden oder entspanne Deine Füße in einem Café.

Bonus: Die Schweiz im Winter

Wer sich die Schweiz vorstellt, denkt wahrscheinlich an verschneite Berge und ein Paradies zum Skifahren. Auf einigen Gipfeln sieht man auch durchaus das ganze Jahr Schnee (z. B. Jungfraujoch, Matterhorn). Von März bis November ist es in der Schweiz allerdings an den meisten Orten grün.

Seit die ganze Geschichte mit der Klimaerwärmung bekannt

geworden ist, leuchtet es nun auch ein, warum es heute in den Städten im Mittelland (z. B. Zürich oder St. Gallen) gerade mal ca. 4 Tage Schnee hat zwischen Dezember und Februar. Aus meiner Kindheit kann ich mich noch an viel verschneitere Winter erinnern. Dies ist traurig. Dank den schönen Weihnachtsdekorationen im Dezember haben die Städte jedoch auch in der dunkleren Jahreszeit ihren Reiz.

Was, wenn Du nun aber unbedingt Skifahren, Schlitteln, Langlaufen oder draußen Eislaufen möchtest? Dann solltest Du die Schweiz zwischen Dezember und Februar besuchen und in die schneesicheren Regionen fahren. Dies sind Davos, Lenzerheide, Arosa, St. Moritz, Zermatt, Laax, Saas-Fee, Engelberg-Titlis, Gstaad, Samnaun (bildet mit dem Österreichischen Ischgl zusammen die Silvretta Arena), Aletsch Arena, Andermatt-Sedrun, Leukerbad, Adelboden-Lenk, Portes Du Soleil (mit 650 Pistenkilometern das größte Skigebiet der Schweiz).

Tipps für günstigeres Skifahren

Leider ist Skifahren in der Schweiz teuer. So kostet ein Tagesticket im Durchschnitt 70 bis 100 Fr. Mit den folgenden Tipps könnte Dein Ticket noch ein wenig günstiger werden.

1. Suche nach Deals auf der Webseite des Skigebietes

Auf der Webseite von praktisch jedem Skigebiet kann man das Liftticket direkt online kaufen und kann somit die Warteschlange an der Talstation umgehen oder muss nur noch den Gutschein eintauschen. Zudem kann man sich auf der Webseite nach Spezialangeboten erkunden. Meistens gibt es ein Vorsaisons-Angebot, ein Angebot für gewisse **Tage unter der Woche**, verbilligte Tickets, wenn man erst ab 11 Uhr oder 13 Uhr fährt, etc.

2. Frage in Deiner Unterkunft nach, ob es ein Kombiangebot gibt

Vor allem, wenn Du mehrere Tage in einem Skigebiet bleibst und dort übernachtest, offerieren die Hotels den Gästen den Skipass oft zu Spezialkonditionen. Sowieso wird der Skipass günstiger, je mehr Tage Du fährst.

3. Nutze Kombiangebote der SBB oder von Raiffeisen

Nachdem Du den Preis des geeigneten Tickets für Dich auf der Webseite des Skigebiets nachgeschaut hast, solltest Du den Preis noch auf der Webseite der SBB (RailAway) vergleichen. Vielleicht gibt es dort einen Rabatt, wenn Du mit dem Zug anreist. Mit einem Swiss Travel Pass oder GA wäre Deine Anreise bereits darin enthalten und Du buchst nur noch den vergünstigten Skipass über die SBB.

Auch als Mitglied der Raiffeisenbank Schweiz erhältst Du jeden Winter Spezialangebote für Skigebiete. Diese sind allerdings auf bestimmte Tage beschränkt.

4. Nutze den Skibus

Aus einigen Städten in der Schweiz fahren Skibusse für einen Tag in ein Skigebiet. Da muss man zwar meistens früh aufstehen und es wird ein langer Tag, aber die Anfahrt plus Skiticket ist oft günstiger als der Tagespass alleine.

Z. B. Fahrt nach Andermatt ab Winterthur oder Zürich (htt-www.twerenbold.ch/reise/andermatt-ski-express-tande). Oder mit Eurobus (www.eurobus.ch/reiseangebote/skiexpress/) aus verschiedenen Städten in verschiedene Skigebiete. Ab St. Gallen und Umgebung fährt der

Heini Car nach Davos (www.heini-car.ch/). Ab Bern fährt der Marti Car in die Lenk (https://www.marti.ch/reisearten/lenker-skibus/).

Nebst den tollen Skigebieten gibt es hier einige lohnenswerte Ausflüge, die ich deshalb näher beschreibe.

St. Moritz

St. Moritz ist ein bekannter Wintersport- und Kurort. Bereits zweimal haben hier die Olympischen Winterspiele stattgefunden. Natürlich gibt es deshalb rund um St. Moritz einige tolle Wintersportaktivitäten. Falls Du lieber nur die Landschaft genießt, kannst Du mit dem Glacier Express an- oder abreisen.

Anreise nach St. Moritz

Ab Chur ist man in zwei Stunden in St. Moritz. Dies ist eine wunderschöne Zugstrecke, welche über das Landwasserviadukt führt. Ein Audioband informiert die Reisenden über die Umgebung.
Ab Bellinzona kommt man in 3 h 19 min via Thusis nach St. Moritz und ab Zürich in 3 h 23 min via Chur.

Fahre in einer Pferdekutsche um den See

St. Moritz ist auch ein bisschen der Ort der Reichen und Schönen. Die Kutschenfahrten durch die verzauberte Winterlandschaft eignen sich jedoch auch für Hobbyprinzessinnen und Prinzen oder Romantiker. Kuschelt Euch in ein dickes, weißes Fell und lässt Euch herumkutschieren. Den Preis verhandelt man am besten vor Ort, aber er wird sich auf ca. 120 Fr. pro Kutsche pro Stunde belaufen.

Gehe in der Nacht Langlaufen

St. Moritz und Umgebung sind bekannt für die schönen Langlauf-Loipen. Die bekannteste davon ist die 42 km lange Strecke zwischen Maloja und S-chanf, wo der Engadiner Langlaufmarathon stattfindet. Falls dies noch nicht Aufregung genug ist, sind einige Loipen auch in der Nacht beleuchtet.

Schlittle auf der längsten Schlittenbahn in der Schweiz

Die längste Schlittenpiste Europas mit 15 km befindet sich bei Grindelwald. Den Schlitten nimmt man mit oder mietet ihn unten im Ort. Mit der Gondel fährt man von Grindelwald nach *First*. Von dort spaziert man auf dem gut beschilderten Weg auf das knapp 2700 m hohe Faulhorn. Diese Schneewanderung führt zwar durch eine hübsche Landschaft mit Blick auf Eiger, Mönch und Jungfrau, ist allerdings auch anstrengend und dauert 2 – 3 Stunden. Da hat man sich die lange Abfahrt richtig verdient.

Wer lieber nur schlitteln anstatt wandern will, sollte dies auf der 6 km langen Schlittelstrasse zwischen **Preda** und **Bergün** tun. Dies ist eine für Autos gesperrte Straße, welche ein sicheres Schlittelvergnügen bietet. Die ganze Strecke kann auch beschneit werden, damit man den ganzen Winter über Schneesicherheit hat. Auch Nachtschlitteln ist möglich. Man fährt mit dem Zug (im GA oder Swiss Travel Pass enthalten) nach Preda und schlittelt runter nach Bergün. Dazu muss man eine Schlitteltageskarte lösen, welche 19 Fr. kostet. Die Zugstrecke ist Teil der schönen Bernina-Express-/Glacier-Express-Linie. Ab Chur ist man in 1.5 h in Preda und ab St. Moritz ist man schon in 27 Minuten in Preda.

Man kann sowohl auf dem 15-minütigen Spaziergang vom Bahnhof in Preda bis zum Start der Schlittenpiste an zwei Orten einen Schlitten mieten als auch am Bahnhof in Bergün und im Dorf Bergün selbst. Ich empfehle Dir auch, einen Helm zu tragen. Ich liebe zwar das

Schlitteln und vor allem in Bergün, aber es scheint mir schneller zu Verletzungen zu führen als Skifahren.

Die Schlittenabfahrt dauert ca. 20 Minuten und wenn Du richtig auf dem Schlitten sitzt, wirst Du am Abend Bauchmuskelkater haben. Unten angekommen, könnte man mit dem Sessellift nach Darlux fahren. Von Darlux nach Bergün führt ein zweiter Schlittenweg ins Tal. Dieser ist etwas steiler und abenteuerlicher und macht evtl. mehr Spaß, falls die andere Piste nicht so gut läuft.

Falls Du lieber direkt wieder mit dem Zug hochfahren möchtest, spazierst Du vom unteren Ende der Schlitten-piste an der herzigen Dorfkirche und den schönen Engadiner Häusern vorbei zum Bahnhof Bergün. Dieser Spaziergang dauert 15 – 20 Minuten. So schafft man 3 bis 4 Schlittenpartien mit dem Zug. Mit dem Sessellift ist es schneller, allerdings hat man nach einigen Runden wahrscheinlich genügend blaue Flecken und geht sich gerne bei einer heißen Schokolade aufwärmen.

Gehe im freien Eislaufen

In der Schweiz hat es im Winter viele Eisfelder im Freien. Z. B. in Davos hat es ein großes Eisfeld neben der Sporthalle und Zürich, Bern und St. Gallen haben schön dekorierte Eisbahnen, wo man romantische Runden drehen kann. Wem dies noch nicht speziell genug ist, sollte die Skateline Albula besuchen (www.skateline.ch). Im Winter wird bei Surava ein 3 km langer Wanderweg durch den Wald vereist. Du musst also gut genug Eislaufen können, um ohne Banden und Hilfspinguine oder -bären klarzukommen. Dann bietet die Skateline allerdings ein magisches Erlebnis. Leider war die Skateline im Winter 22/23 geschlossen. Schau zuerst auf der

Webseite nach, ob sie wieder geöffnet hat.

Fahre von Chur via Tiefencastel in 1 h 20 min nach Surava. Von St. Moritz fährst Du in 1 h 25 min via Filisur nach Surava. Beim Bahnhof kannst Du Schlittschuhe mieten. Im Ticket für die Skateline ist der Transport mit dem Shuttelbus an den Anfang der Skateline enthalten. Obwohl 3 km nicht sehr lange klingen, war ich nach zwei Fahrten recht erschöpft, aber ich war schon zweimal dort und würde auch wieder gehen :).

Gehe Schneeschuhwandern

Fast in jedem Skigebiet gibt es Schneeschuhwege. Schneeschuhe kannst Du in den Sportgeschäften an der Talstation mieten. An sonnigen Tagen bietet dies eine tolle Abwechslung zu normalen Winterwanderungen, da man mit Schneeschuhen doch noch an abgelegenere Orte kommt, wo der Schnee noch unberührt ist und die Sonne im Pulver glitzert.

Einige nützliche Wörter auf Schweizerdeutsch

Schweizerdeutsch ist eine kuriose Sprache. Wir sprechen eigentlich immer noch Althochdeutsch, welches sich nun in verschiedene Dialekte entwickelt hat. So spricht man in Süddeutschland noch ähnlich wie in der Nord- und Ostschweiz wobei uns Leute aus Norddeutschland überhaupt nicht mehr verstehen (denn je nördlicher man kommt, desto mehr hat sich das Hochdeutsch modernisiert). Die Dialekte in der Schweiz sind so unterschiedlich, dass Leute aus St. Gallen, Leute aus Appenzell, dem Rheintal und dem Wallis manchmal fast nicht verstehen.

Auch das geschriebene Wort hilft uns nicht weiter, denn Schweizerdeutsch hat keine Grammatik. Es ist eine rein mündliche Sprache und jeder schreibt einfach so, wie er es aussprechen würde. Alle offiziellen Texte sind deshalb auf Hochdeutsch verfasst.

Nebst dem Schweizerdeutsch sind auch Italienisch, Französisch und Rätoromanisch offizielle Landessprachen, welche in den jeweiligen Regionen offiziell benutzt werden.

So, nach diesem kleinen Sprachexkurs nun also einige Wörter, die Du auf Schweizerdeutsch kennen solltest.

Deutsch	Schweizerdeutsch (St. Galler Dialekt)
Guten Tag	Grüezi
Auf wiedersehen	Adiä
Mir geht es gut und Dir?	Mir gots guet und Dir?
Woher kommst Du?	Woher chunsch/bisch?
Ich komme aus…	I chume us /I bi vo … Dütschland, Öschtriich
Ja	Jo
Nein	Nai
Fahrkarte	Billet
Wo ist die Toilette?	Wo hets es WC?
Danke.	Dankä / Mersi
Guten Appetit.	En guetä.
Snack um ca. 10 Uhr morgens	Znüni / Zvieri (dasselbe um 16 Uhr)
Schluckauf	Hitzgi
Krankenhaus	Spitohl
Hausschuhe	Finkä
Kekse	Guetsli
Hähnchen	Poulet
Gehsteig	Trottuar
umziehen	züglä
Idiot	Tubel
Küchenschrank	Chuchichäschtli

Über die Autorin dieses Reiseführers

Seraina ist in St. Gallen aufgewachsen und hat die letzten fünf Jahre das lebendige Zürich als Wohnort genossen. Sie liebt es, neue Orte zu entdecken und zu reisen, seit sie sich erinnern kann.

Schon als Kind nahm sie mit der Familie an den Rivella-Skirennen teil und lernte so viele verschiedene Skigebiete kennen. Im Sommer ging es an hübsche Seen, ins Verzasca Tal oder zu ihrer Tante nach Bern. Bald zog es Seraina jedoch in die Ferne und mit 15 Jahren hatte sie das Glück, ein tolles Austauschjahr in New York verbringen zu können. Damals fing sie an, ihren ersten Reiseblog zu schreiben, welcher sich dann zu SwissMissOnTour.com entwickelte. Während des Studiums verbrachte Seraina ein Semester im wunderschönen Lausanne und merkte, dass sich die Schweiz wie eine Ferienregion anfühlen kann. Später erkundete sie Europa mit Interrail, wurde aber auch von den weiter entfernten, exotischen Ländern angezogen. Durch unzählige Reisen nach Südostasien verliebte sie sich in die köstlichen Aromen, die schönen Tempel und Naturhighlights Asiens. Immer wieder wurden ihr jedoch auch die Vorteile und die Schönheit der Schweiz bewusst.

Wenn Freunde aus dem Ausland zu Besuch sind, freut sich Seraina jeweils, die Touristenführerin sein zu dürfen und die Höhepunkte der Schweiz zu zeigen. Endlich hat sie es geschafft, diese in Buchform niederzuschreiben. Somit sind es nicht mehr nur Geheimtipps für Freunde, sondern es haben alle Reisebegeisterten die Möglichkeit, die Schweiz von ihren besten Seiten zu sehen.

Hat Dir dieser Reiseführer gefallen?

Falls dieser Reiseführer hilfreich für Dich war, würde ich eine posi-
tive Bewertung sehr schätzen und es wäre eine große Unterstüt-
zung, wenn Du Deinen Freunden von meinem Reiseführer erzählst.

Vielen Dank! 

Brauchst Du noch mehr Informationen?

Falls Du weitere Informationen brauchst, kannst Du mich über die
folgenden Kanäle kontaktieren oder mir folgen. Besonders auf Instagram bin ich aktiv und poste täglich Reiseinspiration, Tipps oder Rei-
sezitate.

(b) www.swissmissontour.com
(i) @swissmissontour
(f) SwissMissOnTour
(w) www.slgigerbooks.wordpress.com
(@) swissmissontour@gmail.com

*Übrigens, als Dankeschön für den Kauf dieses Taschenbuches
kannst Du mir eine E-Mail mit einem Foto des Buches schicken, und
ich sende Dir die E-Book-Version von I love Switzerland kostenlos zu.
Im E-Book sind die Fotos farbig.*

Dein Reisetagebuch

Scanne den QR-Code, um ein atemberaubendes Reisetagebuch herunterzuladen. Halt die schönsten Momente und unvergessliche Erinnerungen an deine Reisen liebevoll fest.

Und noch viel mehr. Schau Dir die Bücher auf www.swissmisson-tour.com an.